www.tredition.de

AF196896

George Kaufmann

So verhunzen wir unsere Sprache

www.tredition.de

© 2016 George Kaufmann

Verlag: tredition GmbH, Hamburg

ISBN
Paperback: 978-3-7345-8095-6
Hardcover: 978-3-7345-8096-3
e-Book: 978-3-7345-8097-0

Printed in Germany

George Kaufmann

So verhunzen wir unsere Sprache Der Bäcker käckt.

Ein Großteil der Menschen, selbst von der alltäglichen Selbstbehauptung erschöpft, empfindet den gegenwärtigen Niedergang der deutschen Sprache offenbar gar als Erleichterung. Der Vorgang des Niedergangs wird von den Meisten als Prozess geistiger Verarmung nicht einmal wahrgenommen. Die Alltagssprache, gedankenlos nachäffend, unterwirft sich dem verkommensten Zeitgeschmack. Die „vereinzelten Einzelnen" (alias Systemsklaven) haben sich ohnehin nicht viel zu sagen. Dieses bewusstlose Geschnatter und Geplapper in allen Medien sind nur die komplementäre Seite des „freien Marktes". Wie das System als Ganzes verwildert, geschieht das auch mit den Sprachen. Das Individuelle wird an den Rand gedrängt zugunsten einer weltweiten Verallgemeinerung (besser Einförmigkeit, Stromlinienförmigkeit) aller Lebensäußerungen, also dem Gegenteil von Kühnheit des Denkens. Die menschlichen Beziehungen, wofür die Sprache fundamental ist, werden mit dem zunehmenden Verschwinden von „Arbeit", Staat... immer weiter barbarisiert.

Inhalt

Versuch einer **Einführung**

Was kennzeichnet unsere heutige Gesamtlage? Welcher globale Zusammenhang besteht, in den wir unsere Sprachentwicklung zu stellen haben? Denn Sprachen entwickeln sich natürlich nicht an sich, also losgelöst und außerhalb des menschlichen gesamtgesellschaftlichen Reproduktionsprozesses, sondern bilden einen fundamentalen Teil dieses Prozesses selbst.

Mit der Dritten industriellen Revolution, der umfassenden Anwendung der Mikroelektronik, ist das globalisierte warenproduzierende System in seinem Drang nach Profit wegen seiner hohen Rationalität an seiner objektiven absoluten inneren Schranke (Marx) angelangt. Der erreichte überaus hohe Entwicklungsstand der Produktivkräfte kann nicht mehr in die viel zu eng gewordene kapitalistische Form gepresst werden. So schafft der Kapitalismus selber die „Arbeit" ab; ebenso die Staaten und damit die daran gebundenen Formen Recht, Politik, Demokratie. Dieses System zerfällt seit fast 40 Jahren vor unseren Augen und kehrt seinen Gewaltkern immer stärker nach außen. Das heißt, der Kapitalismus ist dabei, sich selbst abzuschaffen. Er spielt sozusagen in seiner Nachspielzeit. Es ist ihm unmöglich, seiner ihn schüttelnden fundamentalen Krise zu entweichen.

Das System ist wegen seiner hohen Rentabilität gezwungen, immer mehr Menschen aus dem produktiven Prozess der (Lohn-) Arbeit auszuspucken und zugleich immer weniger Gesamt-Mehrwert zu akkumulieren (anzuhäufen). Aber allein das ist der Zweck der ganzen Veranstaltung Kapitalismus. Diese Entwicklung ist innerkapitalistisch nicht mehr zu stoppen. Die vom System nicht mehr vernutzbaren und damit ausgespuckten Menschen sind ihm überflüssig. Durch das globalisierte Kapital besitzen derzeit lediglich etwa 700 Personen / Familien fast zwei Drittel des Weltreichtums. Dieses auf Arbeitskraft-Vernutzung beruhende System konnte noch nie und kann zunehmend immer weniger die Menschen auf dieser Erde ernähren, obwohl dafür alle materiellen Voraussetzungen in überreichlichem Maße vorhanden sind. Das Weltkapital führt ganze Länder in den Ruin, denn diese verfügen gegenüber den Großkapitalen nicht einmal mehr annähernd über entsprechende Mittel einer Abwehr.

Da grundsätzlich die Wirkmechanismen des Kapitalismus auf „den Staat" gekoppelt, also an ihn gefesselt sind (Volkswirtschaft, Nationalökonomie), geht das globalisierte Kapital heute immer verheerender gewissermaßen durch die Staaten hindurch, ohne dass diese noch irgendeinen bestimmenden Einfluss nehmen können. Nachdem bereits das Geld nahezu komplett von der „Realökonomie" (!) – gibt es denn eine andere? – losgelöst spekulativ herumwildert (virtuelles Geld) und dem Schein nach aus Geld selbst wieder Geld entsteht (und wir alle sollen das glauben und glauben es), geschieht das Gleiche inzwischen mit der realen Produktion, indem die Aktienkurse an den Börsen in schwindelnde Höhen spekuliert werden. Allerdings haben die Höhen der Kurse mit den tatsächlichen Wertbeständen der betreffenden Aktiengesellschaften nicht mehr das Geringste zu tun. Das heißt, auch die Produktion ist inzwischen eine nur noch virtuelle, sozusagen ein Abfallprodukt des globalen (Geld-) Casinos.

Und wenn der einzelne Staat immer mehr seiner Einflussmöglichkeiten auf das globalisierte Kapital verliert, muss er nach kapitalistischem Prinzip abgebaut werden. Das wollen natürlich seine Protagonisten nicht wahrhaben; vielmehr sind sie zu solcher Erkenntnis nicht einmal fähig. Unabhängig davon jedoch wird der Staat objektiv geschrumpft. Seine einzige Aufgabe besteht noch darin, das unnütze Menschenmaterial in Schach zu halten, es einigermaßen ruhig zu stellen und die Macht darüber nicht zu verlieren. Der Staat wird an seinem Ende, wie bereits an seinem Anfang, wieder auf die nackte Gewalt reduziert. Alle übrigen bisherigen Staatsfunktionen werden immer mehr selbst nur noch simuliert, der Staat wird virtuell. Wir sind auf dem Weg in die Barbarei. Das betrifft auch die Sprache, die wie der Staat selbst, dem Verfall unterliegt, gewissermaßen verwildert. Das geschieht alltäglich vor unseren Augen. Um uns aber in Schach zu halten, hat Sprache für die System-Protagonisten eine außerordentliche Bedeutung, denn wir sollen glauben, dass alles bestens ist, man sowieso nichts ändern könne und keine Alternativen bestünden. Bei all dem müssen wir natürlich wissen, dass die herrschende Sprache stets die Sprache der Herrschenden ist. Mit dem Staat und seinen vielfältigen Institutionen hat sich das Kapital auch eine riesige Schar Sprachlakaien geschaffen, die sich trotz oder gerade wegen des Staatsverfalls mit Händen und Zähnen in die staatlichen Reste der nackten Gewalt verbeißen und uns von morgens bis abends in Bewegung halten, drangsalieren, schikanieren, die Hucke volllügen und uns gern auch dabei behilflich sind, sogar freiwillig unsere Sprache vergammeln zu lassen. Da aber Sprache Denken ist, lassen wir so unsere Fähigkeit zu denken vergammeln. Staat und Kapital können keine gebildeten Menschen gebrauchen, souveräne Charaktere sind ihnen zuwider; sie könnten ja Zusammenhänge erkennen und dieses irre System abschaffen wollen.

Dieses Buch soll dazu beitragen, dass sich Menschen innerhalb des deutschen Sprachraums der Bedeutung ihrer Sprache bewusster werden. Wer gut spricht, denkt gut. Ob er auch Gutes denkt/spricht, sei zunächst dahingestellt. Vor allem erkennt der, der die Sprache gut beherrscht, besser, was ihm systemisch beständig an Lügen und Sprach-Dreck präsentiert wird. Und: Er setzt sich in die Lage, sich wehren zu können.

Die im Buch verwendete Sprache ist möglichst deutlich, bisweilen drastisch. Rumgesülze wird es nicht geben. Personen spielen keine Rolle. Auf sprachliche Geschlechtertrennung wird verzichtet. Der Grund besteht darin, dass mir die bisher vorgeschlagenen Verfahren noch nicht gut genug erscheinen (GeneraldirektorIn, MinisterIn…). So meine ich in jedem entsprechenden Fall stets den Mann *und* die Frau. *Der* Mensch ist also zugleich immer auch *die* Mensch.

Es geht mir um die Entwicklung und Festigung eines Sprachgefühls für unsere deutsche Sprache. Lateinische Grammatik-Begriffe spielen keine oder nur eine geringe Rolle, denn sie sind der Gewinnung eines Sprachgefühls eher hinderlich. Die Leser werden feststellen, dass sie, wenn sie sich lustwandelnd unserer so schönen weil ausdrucksstarken deutschen Sprache nähern wollen, enormes Bewusstsein tanken und stets kritisch auf den ihnen überall hingeworfenen Sprech-Fraß reagieren können.

Die verwendeten Beispiele schlechten, gammeligen oder sogar dümmlichen Sprechens sind   nur ein klitzekleiner Auszug aus dem derzeitigen tatsächlichen deutschen Sprach-Gelumpe. Und wahrscheinlich wird sich dennoch jeder Leser an irgendeiner Stelle dieses Lesebuches treffend wiederfinden. „Und das ist auch gut so"!

Ich möchte zeigen, wie wir durch Sprache systemisch beherrscht werden, wie sie uns andererseits erst zum Menschen macht und wie wir unsere Sprache beherrschen – oder auch nicht; ja, wie wir sie seit längerem regelrecht selbst zerstören.

„Eine Sprache richtig zu beherrschen, eröffnet den Zugang zur Welt" (Dr. Wolfgang Huber, Bischof, 2008).

Beginnen wir mit dieser kleinen Karikatur:

„Der Affe wollte von seiner Familie nichts mehr wissen, nannte sich Mensch und erfand die Sprache" (Eulenspiegel, Satire-Zeitschrift, etwa 1958).

Wir wissen natürlich, dass es so nicht war. Unsere Sprache wurde nicht erfunden, sondern hat sich in einem Millionen Jahre währenden Prozess unseres Werdens zum Homo sapiens entwickelt. Ich möchte das zunächst ein wenig darstellen, damit deutlich werden kann, dass wir unsere Sprache ausschließlich in ihrem Zusammenhang mit der gesamtgesellschaftlichen Entwicklung zu betrachten haben und bewusst wird, wie sehr menschbildend Sprache ist.

Dieser Prozess war *äußerst komplex*. So können wir heute wissen, dass sich vor etwa 2,6 Millionen Jahren das Erdklima deutlich abkühlte. Das hatte zur Folge, dass die vegetarische Nahrung für unsere afrikanischen äffischen Vorfahren knapper wurde. Einige der Menschenaffen fraßen nun öfter Fleisch, das sie in Form von Aas fanden oder durch das Jagen anderer Tiere erlangten. Um die stärkeren und schnelleren Tiere töten zu können, mussten sie listig sein, selbst schneller werden und als Gruppe planvoll agieren. Auch erforderliche, immer bessere Werkzeuge waren herzustellen. Dafür mussten die Hände frei sein. Das erforderte den Gang auf nur zwei Beinen. All das bewirkte eine Aufgabenteilung zwischen den Individuen, was sehr hohe Koordinations-Anforderungen stellte. Gestik und Mimik sowie noch unartikulierte Laute reichten als Verständigungsmittel immer weniger aus, da sie den Aktionsradius zu sehr auf Sichtweite eingrenzten. Um Informationen verständlich über weitere Entfernungen zu tragen, mussten Laute artikuliert werden. Um das zu können, war eine willkürliche Atemkontrolle erforderlich... Aus Untersuchungen fossiler Fundstücke wissen wir, dass die Evolution vor rund 1,8 Millionen Jahren unseren Vorfahren solche willkürliche Artikulation bereits ermöglichte. Sprache in unserem Verständnis war das aber noch längst nicht. In dem Maße, wie es unseren Vorfahren gelang, für sich das Feuer zu nutzen, also die Nahrung wesentlich weicher zu machen, konnten sie immer mehr die ausgeprägte   Beißmuskulatur reduzieren und so Platz schaffen für das sich entwickelnde Gehirn. Jeder dieser Entwicklungsschritte war mit allen anderen fest verbunden, also Voraussetzung für alle anderen und zugleich deren Ergebnis. So sehen wir heute für die Entstehung der Sprache ein Zeitfenster zwischen 2,6 Millionen und 600.000 Jahren vor heute, also noch sehr ungenau bestimmt, jedoch mit Sicherheit lange bevor der Homo sapiens erschien.

Während wir das also bereits wissen, weigern wir uns hartnäckig, unter anderem folgende einfache Fragen zu stellen: Schließt ein Versicherungsunternehmen mit Dir eine Versicherung ab, um Dich zu versichern? Gibt Dir eine Bank einen Kredit, um Dein Problem zu lösen? Werden Erzeugnisse und Leistungen produziert, um Dich zu versorgen? Würden wir diese Fragen stellen, kämen wir schnell auf die allein mögliche Antwort: Nein! All das wird aus dem einzigen Grund getan, Geld zu „verdienen". Wäre dieser Grund nicht gegeben, gäbe es all das gar nicht.

Fragen wir auch: „Sind wir ein oder haben wir einen Staat?" oder „wieviel Fleisch ist im Schmalzfleisch und in Würstchen im Glas?"

So zu fragen, sollten wir uns generell angewöhnen. Allein das Wort „fragen" macht hierbei deutlich, wie wichtig unsere Sprache für jeden von uns ist. Denn wer sie nicht beherrscht, kommt nicht einmal auf solche Fragen und mit den Antworten weiß er zumeist nichts anzufangen, denn er versteht sie schlicht nicht.

Gestatte mir daher, ein wenig auszuholen, auf unser Mensch-Sein und die Entwicklung unserer deutschen Sprache einzugehen.

Wissenschaftler haben errechnet, dass bisher auf der Erde etwa 110 Milliarden Menschen lebten. Wenn wir darüber nachdenken, sollte uns klar sein, dass wir heute Lebenden eigentlich eine lächerliche Minderheit sind, quasi eine Randgruppe und, wenn wir so weitermachen, höchstens eine Fußnote der Erdgeschichte.

Wer sind wir eigentlich?

Wir sind Menschen. Viele von uns vergessen das ständig oder haben es, wenn wir ihr Tun und Lassen betrachten, noch nie so gesehen. Als Gattung, Spezies, Art oder Rasse (diese Begriffe bezeichnen das Gleiche) besitzen wir eine Jahrmillionen andauernde Geschichte schon als Vor- und Frühmenschen in Afrika. Ja, wir Menschen (alle) haben uns zuerst in Afrika entwickelt; wir stammen also aus Afrika. Heute können wir hier davon ausgehen, dass sowohl der Neandertaler als auch wir heutige Menschen auf der Erde (Homo sapiens) gemeinsame afrikanische Vorfahren der Gattung Homo haben. Homo stammt aus dem Lateinischen und bedeutet „Mensch". Wir Menschen sind damit eine Gattung, Spezies, Art oder *Rasse* der Menschenaffen (Hominidae) in der Klasse der Säugetiere. Der Begriff der „Klasse" ist gegenüber denen der Gattung, Spezies, Art und Rasse übergeordnet. So sind die Wirbeltiere die biologische Klasse, während die Reptilien, Amphibien oder Säugetiere Unterstämme davon sind, die wiederum in Gattungen, Rassen... gegliedert werden. So sind die Menschen, wenn man denn den *Rasse*-Begriff unbedingt haben will, an sich eine Rasse, also die Menschenrasse. Damit ist es natürlich Nonsens, innerhalb einer Rasse von weiteren Rassen sprechen zu wollen, sie etwa nach Hautfarbe, Haarfarbe oder Augenfarbe ausmachen zu wollen. Solche Vielfalt der Merkmale ändert nicht die Bohne daran, dass alle heutigen modernen Menschen *Homo sapiens* sind, nach dem Lateinischen *sapiens* folglich jeweils *ein verstehender, verständiger* bzw. *weiser, gescheiter, kluger vernünftiger Mensch*; nach der biologischen Systematik also ein höheres Säugetier aus der Ordnung der Primaten, der Unter-Ordnung der Trockennasen-Primaten und dort zur Familie der Menschenaffen gehörend. Immerhin sind wir inzwischen so *„vernünftig"*, die innerhalb unserer *„Rasse"* natürlich entstandene Vielfalt als genetische Variation zu bezeichnen. Diese genetischen Variationen entstehen aus Mutationen, die ständig in uns stattfinden; und das ist gut so, denn nur so können wir uns so wunderbar an sich ändernde äußere Lebensbedingungen anpassen. Aus diesem Wissen heraus ist wissenschaftlich der Begriff der *„Rasse"*, wenn wir von uns Menschen in den verschiedenen Erdteilen reden, zunehmend obsolet, also gewissermaßen von gestern und nur noch von Dummen mit ausschließender, gewalttätiger, feindseliger Absicht benutzt. So gerät es immer mehr in die Nähe von Schwachsinn, zum Beispiel von roten, schwarzen, weißen oder gelben Menschenrassen zu faseln, denn solche Hautfarben gibt es bei Menschen gar nicht. Unsere sehr verschiedenen Hauttönungen haben etwas mit der Pigmentierung unserer Haut zu tun, die wiederum eine ausgezeichnete, nämlich notwendige Anpassung an unsere jeweilige Umwelt darstellt, je nachdem, welche Erdregion wir besiedelten. Alle (!) Menschen haben letztlich eine braune Hautfarbe, die sich in ihrer Farbintensität wunderbar von nur ganz wenig getönt bis ganz schön doll gefärbt zeigt, je nach der anzutreffenden beständigen Intensität der Sonneneinstrahlung im betreffenden Erdteil. Alle Menschen sind *„Farbige"*, denn wir leben auf einem Planeten, der um eine Sonne kreist und ihren Strahlen ausgesetzt ist, wovor wir uns mehr oder weniger schützen müssen. Und da das so ist, welche Bedeutung sehen wir dann darin, dass ein „Farbiger" einen anderen herablassend als „Farbigen"   bezeichnet? Solche Bezeichnungen sind wie gesagt nichts als eine Gewaltausübung, die auf Nichtwissen, also auf Dummheit beruht. Gesetzt folgendes: Ein junger „Rechter" jagt, prügelt und tötet schließlich einen „farbigen" Ausländer, der hier um Asyl nachsuchte. Was wäre, wenn der heute 20-jährige („weiße") Nazi, sagen wir als einjähriges Kind mit seiner Mutter in Afrika unterwegs gewesen, diese in einem Unfall verloren und von dem soeben von ihm ermordeten Afrikaner gerettet und adoptiert worden wäre? Er würde ihn (seinen Papa) lieben! Was ist im Kopf dieses Nazis passiert, dass er ihn nun tötet, statt ihn zu lieben; sein Papa (ja, denn er hätte es sein können) ist in jedem Fall der gleiche Mensch. Die Farbe der Haut eines Menschen ist, abgesehen vom Sonnenschutz, den sie ihm gibt, vollkommen unbedeutend.

Unsere Vorfahren, die ja in ihrer Urheimat Afrika an gleißenden Sonnenschein gewöhnt waren und sich gegen Verbrennungen schützten, indem sie ihre Haut mit reichlich Pigmenten zum Sonnenschutz versahen, machten sich in mehreren Schüben auf den Weg nach Norden und besiedelten über Nordafrika hinweg Asien, Europa und die übrige Welt. Nach allem, was wir heute über die Besiedelung Europas wissen, geschah das durch die Homo sapiens vor etwa 55.000 Jahren wohl erstmals. Hier trafen sie auf die schon etwa 100.000 Jahre hier lebenden Neandertaler, deren Vorfahren ebenfalls aus Afrika stammten (das Erbgut aller (!) heute lebenden Menschen geht auf eine wohl relativ intensiv pigmentierte Frau zurück, die vor etwa 200.000 Jahren in Afrika lebte und dort gerade wegen ihrer zahlreichen Pigmente wunderbar angepasst war). Erneute Wanderungsschübe der Homo sapiens erfolgten dann vor ungefähr 37.000 Jahren und schließlich nochmals vor ca. 19.000 und 14.000 Jahren. Sowohl die Neandertaler, als auch die Homo sapiens konnten bereits sprechen; die Neandertaler allerdings hatten einen etwas höher sitzenden Kehlkopf und konnten deswegen offenbar bestimmte lange Vokale nicht sprechen. Eine reiche Sprache ist u.a. die Grundlage und Voraussetzung für Kunst und Kultur. Soziales Lernen wurde erst möglich, nachdem sich die Entwicklungswege von Schimpansen und Menschen vor etwa fünf bis sieben Millionen Jahren trennten.

Je weiter die Homo sapiens nach Norden gelangten, desto mehr mussten sie ihre Ernährung umstellen und auch immer weniger Licht erreichte ihre Haut. In dieser Konstellation wurde die bisher starke Pigmentierung zum Lebenshindernis, denn die neue Ernährungsweise stellte dem Körper nicht mehr genug des lebenswichtigen Vitamins D3 zur Verfügung. Aber wir Menschen sind Anpassungs-Kreaturen, sozusagen Mutanten. Und so passten sich die neuen Nordmenschen im Laufe von Jahrhunderten und Jahrtausenden evolutionär den schwächeren nördlichen Sonnenlicht-Verhältnissen an, indem die evolutionäre Entwicklung bewirkte, die Hautpigmentierung so zu reduzieren, dass mehr und mehr Sonnenlicht vom Körper aufgenommen werden konnte. Damit wurde erreicht, dass unser Körper nun aus der „Nordnahrung" nur noch ein „Halbvitamin" (Prohormon) D benötigt, woraus er dann in der Leber und den Nieren mit Hilfe des Sonnenlichts das lebensnotwendige aktive Vitamin D3 herstellt. Bis heute ist es deshalb für jeden von uns „Nordmenschen" wichtig, sich stets möglichst oft und lange im Sonnenschein aufzuhalten; aber Vorsicht – Brandgefahr!

Gut, auch das wissen wir jetzt. Und was, bitteschön, erhebt nun einen weniger pigmentierten „Nordmenschen" über einen mehr pigmentierten „Südmenschen"? Nichts, außer ein verklemmtes Hirngespinst! Es ist eben nicht leicht, ein Homo und sogar ein sapiens zu sein.

Das betrifft ebenso den Umgang mit der andersgeschlechtlichen Sexualität. Sie ist im Tierreich, wozu natürlich auch wir Menschen gehören, normal. Das bedeutet, dass wahrscheinlich zwischen 10 und 15 Prozent aller Individuen einer Spezies, genetisch offenbar durch einen Komplex entsprechender Mutationen angelegt, homosexuell (schwul, lesbisch), intersexuell, transsexuell, pansexuell oder bisexuell sind. Bisher wurde noch keine Tier-Art gefunden, bei der sich homosexuelles Verhalten *nicht* zeigt, mit der Ausnahme von Arten, die sich nicht geschlechtlich vermehren, wie Seegurken oder Blattläuse. Der Natur-„Zweck" solcher wie aller Mutationen konnte von der Forschung (noch!) nicht beschrieben werden; aber natürlich gibt es ihn und er hat wohl generell auch etwas mit der Erhaltung der Arten zu tun. Da wir ständig mutieren (Arterhaltung), trägt jeder (!) Mensch zwischen 100 und 200 neue Mutationen in sich. Darauf, welche das sind, hat er keinerlei Einfluss, es passiert einfach so in ihm; manchmal entwickelt sich daraus Krebs, manchmal ein Harnleiter-Reflux, manchmal nur Farbenblindheit... Und so erweist sich jegliche Gegnerschaft gegen Homosexualität, Bisexualität, Intersexualität, Pansexualität oder Transsexualität als blanke Dummheit. Denn was da abgelehnt wird, ist die natürliche genetische Verfasstheit eines Teils unserer Mitmenschen, die sie, wie alle anderen Menschen, in keiner Weise selbst beeinflussen können. Die latente Endkonsequenz dieser Dummheit besteht in nichts als Gewalt, nämlich darin (wie es bereits die Nazis Hitlerdeutschlands mit Juden und anderen vormachten), nunmehr global etwa 1 Mrd. Menschen als lebensunwertes Leben zu deklarieren und sie umzubringen. Und dann? Von allen danach Neugeborenen wären (weil natürlich) wieder 10-15 Prozent „anders"-sexuell und würden also erneut getötet werden. Warum sollten wir so mit uns umgehen? Was stört uns an diesem *„anders"*, obwohl *jeder Mensch* „anders" als

alle anderen ist und das Anderssein überhaupt unsere Daseins-
weise ist? Was sind wir für eine Rasse? Idioten? Irre? Mörder?
Verbrecher? Warum brauchen wir jemanden, auf den wir herab-
sehen und ihn treten oder gar töten können. Versuche bitte, hie-
rauf Antworten zu finden. Lies zum Beispiel George Kaufmann,
„Kapitalismus – verstehen – abschaffen", Verlag Tredition, 2015.

Unsere Sprache

Die Stämme, deren Nachkommen später als Germanen bekannt
wurden, also unsere Vor-, Vor-, Vor-, ... Vorfahren, waren vermut-
lich nicht ursprüngliche Einwohner der heutigen deutschsprachigen Gebiete; sie waren dorthin aus anderen Teilen Eurasiens zugewandert (am wahrscheinlichsten aus Anatolien/heutige Türkei)
und hatten sich womöglich mit vorgermanischen Bewohnern dieser Gebiete vermischt (ein größerer Teil – früher meinte man ein
Drittel – des germanischen Wortschatzes hat nämlich gar keine
indogermanischen Wurzeln). Und warum haben sie sich vermischt? Weil sie sich offenbar in das „Anders"-Sein verlieben
konnten; zumindest mochten sie die „Anderen". Generell wird
angenommen, dass die Anfänge der frühgermanischen Kultur und
Sprache bis ins 2. Jahrtausend v.u.Z. zurückreichen. Englisch, Spanisch, Griechisch, Deutsch, Russisch oder Persisch u.a. gehören
zur gleichen indoeuropäischen Sprachfamilie mit den gleichen
Wurzeln. So heißt das Wort Mutter im Englischen „mother", im
Spanischen „madre", im Russischen „match" oder im Persischen
„madar".

Weltweit werden etwa 6.000 Sprachen gesprochen. Davon sterben in jedem Jahr rund 10 Sprachen aus. Die Unesco sieht diese

Entwicklung noch viel dramatischer. Ihr zufolge wird es in 100 Jahren nur noch etwa 3.000 Sprachen auf der Erde geben. In Europa gibt es etwa 200 Sprachen. Die Sprachwissenschaft unterscheidet Zwergsprachen, die von weniger als 1.000 Menschen gesprochen werden, wie das in der Grafschaft Cornwall an der Südwestspitze Englands kaum noch vorhandene Cornisch und von kleineren Sprachen wie Walisisch, Luxemburgisch oder Sorbisch. Diese werden von immerhin bis zu einer Million Sprechern verwendet. Sprachen, die von mehr als einer Million Menschen gesprochen werden, gehören zur nächsthöheren Stufe der Millionensprachen, wie z.b. Finnisch, Lettisch und Ungarisch. Die größte Gruppe bilden die Weltsprachen mit jeweils mehr als 100 Millionen Sprechern. Das sind vor allem Mandarin, Englisch, Spanisch, Russisch, Portugiesisch und Französisch. Englisch als Muttersprache hat mit 573 Millionen nach dem Chinesischen (ca. 1,3 Mrd.) mit die meisten Sprecher. Spanisch hat 352 Millionen Sprecher und Deutsch liegt mit 101 Millionen Sprechern auf Rang 12 dieser Sprachentabelle. Damit behält das Deutsche ganz knapp noch die Bezeichnung als Weltsprache. Aber auch hier sind jetzt bereits 13 Regional- und Minderheitensprachen vom Verschwinden bedroht. Dazu zählen Nord- und Saterfriesisch, Bairisch, Alemannisch, Ostfränkisch, Rheinfränkisch, Moselfränkisch, Niedersächsisch, Limburgisch-Ripuarisch, Sorbisch, Jiddisch, Jütländisch und Romani.

Das Wort „Deutsch" geht zurück auf das germanische Wort „thiodisk" (zum Volk gehörig), das erstmals 789 u.Z. erwähnt wurde, nachdem Karl der Große (747 oder 748- 814) die „lingua thiodisca" damals zur offiziellen Sprache der Deutschen erhoben hatte. Seither spricht man also in Mitteleuropa Deutsch – oder zumindest etwas Ähnliches. Denn wegen der Zersplitterung des Gebietes in kleine Einheiten entwickelten sich viele Mundarten. Und erst im 12. Jahrhundert kristallisierte sich an den süd- und mitteldeutschen Fürstenhöfen eine mittelhochdeutsche Dichter- und Literatursprache heraus („Nibelungenlied", „Tristan und Isolde"…). Später führten Luthers Bibelübersetzung und die Buchdruckkunst dazu, dass sich Deutsch auch als Schriftsprache durchsetzte. Erst im 19. Jahrhundert schrieben die Gebrüder Grimm das erste deutsche Wörterbuch.

Noch heute können etwa 800 Millionen Menschen der Erde weder lesen noch schreiben. Sie stehen damit auf der niedrigsten Gesellschaftsstufe. In Deutschland gelten etwa 7,5 Millionen Menschen als funktionale Analphabeten. Das bedeutet, dass ungefähr 500.000 der Menschen, die älter als 14 Jahre sind, gar nicht lesen oder schreiben können. Die verbleibenden 7 Millionen können manchmal zwar einen einzelnen, möglichst kurzen Satz lesen bzw. ein paar Wörter schreiben, nicht aber zusammenhängende Texte.

Der deutsche Wortschatz hat ungefähr 5.300.000 Wörter und damit etwa achtmal mehr als der Englische. Allein im 20. Jahrhundert nahm er etwa um ein Drittel zu. Allein das zeigt uns die enge Verknüpfung von Sprach-und Gesellschaftsentwicklung. Aus dem Gesamtwortschatz nutzen wir täglich noch nicht einmal 1 Prozent! In einem heutigen Großkaufhaus umfassen die Warenbezeichnungen ungefähr 60.000 Wörter.

Im Allgemeinen verwenden wir für unsere Alltagsgespräche 400 bis 800 Wörter. Um anspruchsvollere Texte zu verstehen (Zeitschriften, Zeitungen, Klassiker) benötigt man 4-tausend bis 5-tausend Wörter, in Ausnahmefällen wie bei Goethe (ca. 80.000) auch bedeutend mehr. Der Duden enthält ungefähr 120-tausend Stichwörter. Es gilt etwa: Je höher der Bildungsstand eines Menschen ist, desto größer ist dessen Wortschatz. Ein großer Wortschatz hilft beim differenzierteren Informationsaustausch. Einfache Boulevardzeitungen nutzen einen Wortschatz von etwa 400 Wörtern, intellektuelle Tageszeitungen dagegen einen Wortschatz von etwa 5-tausend Wörtern. Eine ähnliche Differenzierungsspanne gilt für Fernsehsendungen.

Andererseits zeigen uns solche *Sprachkünstler* wie Goethe, Schopenhauer, Nietzsche oder Heine stets aufs Neue, welcher Ausdrucksreichtum in unserer schönen deutschen Sprache ist. Aber wie nutzen wir diesen Reichtum?

In der *Grundschule* wird heute (2017) den Schülern ein Grundwortschatz von etwa 700 Wörtern vermittelt; 2004 waren es noch 1.100 Wörter. Das allein zeigt bereits, auf welch ein mickriges Sprachniveau die schulische Ausbildung in Deutschland absichtsvoll herabgesunken ist. Und jeder Einzelne von uns lässt das nicht nur freiwillig mit sich und seinen Kindern geschehen, sondern hilft sogar sehr aktiv selbst bei seiner schleichenden Verdummung mit. Das macht aus uns betroffene Menschen solche, auf die das eine oder andere der hier kurz vorgestellten Wörter Anwendung finden kann:

Idiot: An Idiotie leidender Mensch. Trottel, Dummkopf

Idiotie: Schwerste Form der angeborenen Intelligenzminderung

Trottel: Einfältiger Mensch, jemand mit eingeschränkter Intelligenz, leicht dümmlich

Dummkopf: Siehe Trottel; Affe, Einfaltspinsel, Esel, Hanswurst, Hohlkopf, dumme Person, Idiot, Narr, Nicht-Könner, Nicht-Wisser, Ochse, Pflaume, Quatschkopf, Stümper

dumm: blöde, begriffsstutzig, blödsinnig, doof, dämlich, dümmlich, ungebildet, unklug, unwissend

doof: mangelnde Intelligenz; siehe dumm

blöde: begriffsstutzig, blödsinnig, doof, dämlich, dümmlich, ungebildet, unklug, unwissend, dusselig, gedankenlos

Einfalt (einfältig): Naiv, arglos, einfach, leichtgläubig, schlicht, kritiklos, töricht, blöd, doof,   dumm, beschränkt

debil: (vom lateinischen debilis – schwach), intelligenzschwach, geistig behindert, geistesschwach, blöde

Allein an dieser Begriffsfülle sehen wir, wie gut wir mit unserer *Verstandesschwäche* seit langem vertraut sind. Na und? Das hindert uns längst nicht daran, mit Schmackes immer weiter an ihrer Entwicklung mitzuwirken, uns regelrecht selbst zu „verhausschweinen" (Robert Kurz); und zwar vollkommen systemkonform, wie ich hier zeigen möchte.

Wie uns die „Aufklärung" aufklärt! *Das Licht der Aufklärung…*

Denn einer der brillantesten Zyniker des modernen Denkens, ein knallharter Pamphletist und publizistischer Draufgänger war Bernard Mandeville (1670-1733). Als Engländer holländischer Herkunft und Arzt war er ein Hero der Aufklärung und wohlvertraut mit den frühkapitalistischen Verhältnissen auf dem Kontinent wie auf den britischen Inseln. Er hat uns eine Vorgabe geliefert, die in ihrer Klarheit und Schärfe nie wieder erreicht worden ist. Und genau deshalb wird er heute als großer Anreger nicht immer gern zugegeben.

>Hieraus lässt sich zeigen, dass Überfluss die Arbeitskräfte billig macht, sofern man die Armen gut im Griff hat; zwar sollte man sie nicht verhungern lassen, aber sie dürften auch nicht die Möglichkeit zum Sparen bekommen. Wenn hier und da einer aus der niedersten Klasse durch ungewöhnlichen Fleiß und Absparen vom Munde sich aus seinen ursprünglichen Lebensverhältnissen emporarbeitet, sollte ihn niemand daran hindern. Ja, es ist unleugbar der klügste Weg für alle Menschen einer Gesellschaft und jede private Familie, genügsam zu sein; aber es liegt im Interesse aller reichen Nationen, dass der größte Teil der Armen kaum jemals müßig ist und doch ständig ausgibt, was er einnimmt.< (Mandeville 1988/1723, 177 ff).

Hier wird schon sehr früh erstmals eine Mentalität deutlich, die den Liberalismus als unsere fundamentale Ideologie, das Denken der kapitalistischen „Macher", der Funktionäre, Vorstände, Eliten, Erben von Vermögen und der Vertreter bürgerlicher Ehrbarkeit, Seriosität und Solvenz bis heute von Grund auf kennzeichnet: nämlich das aufreizend unverschämte Grundempfinden, man selbst sei zu Besserem geboren und zu Höherem berufen qua Geldmacherei und marktwirtschaftlicher „Durchsetzungsfähigkeit", während es eine minderbemittelte Masse von Menschenmaterial geben muss, das zur „Arbeit" schicksalhaft ausersehen, jedoch auf eine uneinsichtige und geradezu „unmoralische" Weise störrisch und von Natur aus faul ist, also der starken Hand einer vormundschaftlichen Herrschaft bedürfe, um seiner untergeordneten Bestimmung zugeführt zu werden.

Aber lesen wir Mandeville noch weiter; streng Dich besonders an, die beschriebenen Verknüpfungen zu begreifen und für die Entwicklung Deines Sprachverhaltens nutzbar zu machen.

>Übergroße Nächstenliebe fördert meist Trägheit und leistet kaum etwas für ein Staatswesen, als Nichtstuer hervorzubringen und den Fleiß zu zerstören. Je mehr Asyle und Armenhäuser man baut, desto mehr braucht man {...} Ich plane nichts Grausames und ziele nicht im Entferntesten auf etwas ab, was nach Unmenschlichkeit schmeckt. Genügend Hospitäler für die Kranken und Verwundeten zu haben halte ich im Frieden wie im Krieg für eine unerlässliche Pflicht. Kleiner Kinder ohne Eltern, hilfloser Greise und aller Arbeitsfähigen sollte man sich mit Liebe und Eifer annehmen. Aber wie ich einerseits keinen vernachlässigt sehen möchte, der ohne eigenes Verschulden Hilfe braucht, so will ich andererseits Bettelei und Faulheit der Armen nicht unterstützen. Alle sollten zur Arbeit angehalten (!) werden, die irgend dazu fähig sind, und selbst die Kranken sollten daraufhin untersucht werden. Für die meisten unserer Lahmen und Blinden ließe sich dann eine leichte Beschäftigung (!) finden {...} < (a.a.O., 250).

Das sinnverdrehende „Doppeldenk" und „Neusprech" des Liberalismus seit dem 18. Jahrhundert redet auch in dieser Hinsicht mit professioneller Doppelzüngigkeit: „Im Prinzip" bekennt man sich zu den „Geboten der Menschlichkeit", aber nur „soweit notwendig"; und diese Notwendigkeit soll auf den dürftigsten überhaupt denkbaren Grad heruntergeschraubt werden, um selbst noch die Alten, Kranken und Schwachen, die Blinden und Lahmen in die Verwertungsmaschine des Kapitals einzuspannen und das letzte an Reserven aus ihnen herauszuholen. Und im Zuge seiner Abrechnung mit dem „übertriebenen Mitleid" fällt Mandeville sogar über die „Armenschulen" her, die bürgerliche Heuchelei und schlechtes Gewissen ins Leben gerufen hatten:

>Als nächstes müssen wir gutes Benehmen und Höflichkeit in Betracht ziehen, die den Armen in den Armenschulen beigebracht werden sollen. Ich bekenne, dass es nach meiner Meinung völlig unnütz, wenn nicht gar schädlich ist, diese Eigenschaften in irgendeinem Maße zu besitzen; zumindest gibt es für die arbeitenden Armen (!) nichts Überflüssigeres. Was wir von ihnen haben wollen, sind nicht Komplimente, sondern ihre Arbeitskraft und ihre Dienstbeflissenheit< (a.a.O., 254).

Das ist es in Wahrheit, was hinter der glatten liberalen politischen Stirn immer gedacht wird, und zwar bis heute in verschärfter Weise. Und diese Mandevillesche Handlungsvorgabe war sehr erfolgreich, wie wir sehen können, wenn wir uns anschauen, auf welch erbärmliches Niveau Benehmen und Höflichkeit inzwischen angelangt sind. Mandeville kommt das Verdienst zu, diesen Zusammenhang von moralischer Verlotterung und freiwilliger Dienstbeflissenheit freimütig ausgesprochen zu haben. Noch viel mehr gilt das für seine messerscharfen Ausführungen über die *Schulbildung* als Luxus oder Notwendigkeit:

>Aus dem Gesagten wird klar, dass in einer freien Nation (!), wo Sklaven nicht erlaubt sind, der sicherste Reichtum in einer großen Zahl arbeitsamer Armer besteht, denn abgesehen davon, dass sie einen nie versiegenden Naturquell für Flotten und Armeen bilden, gäbe es ohne sie kein Vergnügen, und kein Produkt irgendeines Landes könnte einen Wert (!) haben. Um die Gesellschaft glücklich und die Menschen unter den bescheidensten Umständen zufrieden zu machen, *ist es erforderlich, dass eine große Anzahl von ihnen nicht nur arm, sondern auch unwissend ist* {...} Gedeihen und Glück jedes Staates und Königreiches erfordern daher, dass *die Kenntnisse der arbeitenden Armen* auf den Bereich ihres Berufes beschränkt bleiben und niemals über das hinausgehen (in Bezug auf sichtbare Dinge), was mit ihrer Tätigkeit verbunden ist.

Je mehr ein Schäfer, Pflüger oder sonstiger Landmann von der Welt weiß und von Dingen, die seiner Arbeit oder Beschäftigung fremd sind, umso weniger wird er geeignet sein, ihre Strapazen und Härten heiter und zufrieden zu ertragen. Lesen, Schreiben, und Rechnen sind sehr notwendig für jene, deren Tätigkeit eine solche Qualifikation verlangt, aber wo der Lebensunterhalt der Leute von diesen Künsten nicht abhängt, verderben sie die Armen, die ihr täglich Brot mit ihrer täglichen Arbeit verdienen müssen. Nur wenige Kinder machen Fortschritte in der Schule, wären aber sehr wohl in der Lage, in dieser Zeit einer produktiven Beschäftigung nachzugehen, so dass jede Stunde, die Kinder armer Leute über ihren Büchern zubringen, ebenso viel verlorene Zeit für die Gesellschaft ist. Schulbesuch, verglichen mit Arbeit, ist Müßiggang, und je länger Knaben diese bequeme Art von Leben fortsetzen, umso ungeeigneter werden sie zu wirklicher Arbeit, sowohl in Bezug auf Kraft als auch Neigung, wenn sie heranwachsen. Menschen, die bis ans Ende ihres Lebens in einer arbeitsreichen, ermüdenden und entbehrungsvollen Stellung verbleiben sollen, werden sich umso geduldiger und dauerhafter damit abfinden, je früher sie diesen Bedingungen unterworfen werden {...} Ein Mann, der etwas Bildung genossen hat, mag sich den Beruf eines Landwirts erwählen und bei der schmutzigsten und schwersten Arbeit fleißig sein; er muss es aber dann in seinem eigenen Interesse tun {...} Er wird aber kein guter Lohnarbeiter werden und für ein erbärmliches Entgelt Dienst bei einem Farmer leisten; zumindest ist er dafür nicht so gut geeignet wie ein Tagelöhner, der schon immer mit dem Pflug und Mistkarren umgegangen ist und sich nicht daran erinnert, jemals anders gelebt zu haben. Wenn Ergebenheit und niedere Dienste erforderlich sind, werden wir stets feststellen, dass sie niemals so bereitwillig und freudig geleistet werden wie von Niederen gegenüber Höheren; ich meine Niedere nicht nur in Besitz und Rang, sondern ebenso in Kenntnissen und Verstand. Ein Diener kann keinen ehrlichen Respekt vor seinem Herrn haben, sobald er klug genug ist zu bemerken, dass er einem Narren dient {...} Kein Geschöpf unterwirft sich zufrieden seinesgleichen, und wäre ein Pferd klug wie ein Mensch, so möchte ich nicht sein Reiter sein< (a.a.O., 274 ff).

Wenn hier etwas „klar" wird, dann ist es die wahre Natur der westlich-kapitalistischen *„freien Nationen"*, wo zwar „Sklaven nicht erlaubt" sind (was keineswegs immer die Regel ist, wie die Geschichte des Agrarkapitalismus bis heute zeigt), der Liberalismus aber fast 300 Jahre lang daran gearbeitet und es geschafft hat, eine neue Art der Sklaverei mit unsichtbaren Ketten zu installieren. Und das kapitalistische Wissen darf nie und nimmer freie Erkenntnis sein, sondern muss stets bloßes Funktionswissen der Selbstverwurstung bleiben für einen monströsen Zweck (sinnlose Anhäufung von Reichtum; aus Geld mehr Geld zu machen) jenseits aller Erkenntnis.

So ist unsere Freiheit tatsächlich die von Hausschweinen (verhausschweinten Individuen). Verdeutlichen wir uns einmal, wie frei ein Hausschwein ist:

Es kann sich hinlegen; manchmal nur auf eine Seite und immer an derselben Stelle. Es kann quieken, wenn es Hunger hat; es kann seinem Mitschwein den Schwanz abbeißen und quieken, wenn er ihm selbst abgebissen wird; es kann dann fressen, wenn ihm etwas in den Trog gekippt wird; es kann frei (!) entscheiden, ob es zuerst rechts oder links am Trog mit fressen anfängt; es kann scheißen, wann es will; es kann nicht entscheiden, was oder wann es frisst, wie lange es in der Scheiße liegen muss, ob es im Stall hell oder dunkel ist, ob es jemals Tageslicht sieht oder eine Wiese oder Suhle. Es kann nicht entscheiden, ob oder wann es aus dem

Stall hinausgeht, ob es sich (falls ein Männchen) die Eier abschneiden lassen will, ob es Sex haben will, ob es sich verwursten lässt oder einfach nur auf schweinische Art lebt.

Und wenn Du nachdenkst, fällt Dir zu jeder Bemerkung ein Gleichnis zu uns verhausschweinten Menschen ein. Nehmen wir mal die Entscheidung, ob und wann man scheißen geht.

Es ist bei Discountern oder Callcentern und vielen anderen inzwischen so, dass die „Mitarbeiter und Mitarbeiterinnen" (alias „arbeitende Arme" / Mandeville) nicht ohne weiteres auf die Toilette gehen dürfen (sie sind also nicht mal Schweine). Toilettengänge sind streng reglementiert. Es ist schon üblich, dass die Leute Pampers tragen (Beispiele nicht nur aus Japan) und überall sogar auch noch beim Scheißen videoüberwacht werden, um diesem Reglement zu genügen. Freiheit!? Hieraus und indem wir in ständiger Bewegung gehalten werden, erwächst eine Unterwürfigkeit, die auch unser Sprachverhalten bestimmt.

Sehen wir uns zunächst noch an, wie uns die Nacht gestohlen wurde:

...und die Vertreibung der Nacht

Der Kapitalismus hat in seiner Expansionsphase die Nacht zum Tag gemacht. In England, das bekanntlich Schrittmacher der Industrialisierung war, wurde die Gasbeleuchtung schon im frühen 19. Jahrhundert eingeführt und verbreitete sich bald über ganz Europa. Ende des 19. Jahrhunderts löste das elektrische Licht die Gaslampen ab. Es ist längst medizinisch nachgewiesen, dass die Verkehrung von Tag und Nacht durch das flächendeckende kalte Licht der künstlichen Sonnen den biologischen Rhythmus des Menschen stört und zu psychischen und körperlichen Schäden führt. Warum dann aber die gewaltige planetarische Beleuchtung, die heute den letzten Winkel erfasst hat?

Bereits Karl Marx, selber ein Erbe der Aufklärung, hatte ganz richtig festgestellt, dass der rastlose Aktivismus der kapitalistischen Produktionsweise „Maßlos" sei. Diese Maßlosigkeit kann aber im Prinzip keine Zeit dulden, die „dunkel" bleibt. Denn die Zeit des Dunkels ist auch die Zeit der Ruhe, der Passivität, der Betrachtung. Der Kapitalismus verlangt dagegen die Ausdehnung seiner Aktivität bis an die äußersten physikalischen und biologischen Grenzen. Zeitlich sind diese Grenzen bestimmt durch die Drehung der Erde um sich selbst, also durch die vollen 24 Stunden des astronomischen Tages, der eine helle (der Sonne zugewandte) und eine dunkle (von der Sonne abgewandte) Seite hat. Die Tendenz des Kapitalismus ist es, die aktive Sonnenseite total zu machen und den gesamten astronomischen Tag auch noch im letzten Winkel des Planeten zu besetzen. Die Nachtseite stört diesen Drang. Die Produktion, Zirkulation und Verteilung der Waren soll also „rund um die Uhr" laufen, denn „Zeit ist Geld". Zum Begriff der „abstrakten Arbeit" in der modernen Warenproduktion gehört daher nicht nur ihre absolute Verlängerung, sondern auch ihre astronomische Abstraktifizierung. Dieser Vorgang ist analog zur Veränderung der Raummaße, die diese totalitäre Entwicklung schon eher einläutete. Denn das metrische System wurde bereits vom Regime der französischen Revolution 1795 eingeführt und verbreitete sich ähnlich schnell wie die Gasbeleuchtung. In Deutschland fand der Übergang zu diesem System 1872 statt. Die bisher am menschlichen Körper orientierten Raummaße (Fuß, Elle usw.), die so vielfältig differenziert waren wie die menschlichen Kulturen, wurden vom abstrakten astronomischen Maß des Meters abgelöst, der dem vierzigmillionsten Teil des Erdumfangs entsprechen soll; einer willkürlichen Größe. Diese abstrakte Vereinheitlichung des Raummaßes entsprach dem mechanistischen

Weltbild der Newtonschen Physik, das wiederum Vorbild wurde für die mechanistische Ökonomie der modernen Marktwirtschaft. Adam Smith (1723-1790) war der Begründer der Nationalökonomie, und hatte diese mechanistische Ökonomie analysiert und propagiert. Weltall und Natur wurden als eine einzige große Maschine angesehen. Dieses Bild befand sich im Einklang mit der Auffassung von einer ökonomischen Weltmaschine des Kapitals; und eine gemeinsame Form der physikalischen und der ökonomischen Weltmaschine wurden die astronomischen Maße. Das gilt aber nicht nur für den Raum, sondern auch für die Zeit. Dem astronomischen Meter, dem Maß des abstrakten Raums, entspricht die astronomische Stunde, das Maß der abstrakten Zeit; und dies sind auch die Maße der kapitalistischen Warenproduktion.

Erst diese abstrakte Zeit machte es möglich, den Tag der „abstrakten Arbeit" in die Nacht hineinzuschieben und die Zeit der Ruhe aufzufressen. Die abstrakte Zeit konnte von den konkreten Dingen und Verhältnissen abgelöst werden. Die meisten alten Zeitmesser, z.B. Sand- oder Wasseruhren, zeigten nicht an, „wieviel Uhr es ist", sondern sie waren auf konkrete Vorgänge geeicht, um deren „angemessene Zeit" zu zeigen. Man könnte sie vielleicht mit einer Eieruhr vergleichen, die durch einen summenden Ton angibt, wann ein Ei hart- oder weichgekocht ist. Die Quantität der Zeit ist hier nicht abstrakt, sondern auf eine bestimmte Qualität orientiert. Die astronomische Zeit der „abstrakten Arbeit" dagegen ist losgelöst von jeder Qualität. Der Unterschied wird auch deutlich, wenn wir z.B. in mittelalterlichen Urkunden lesen, dass die Arbeitszeit der Knechte auf großen Landgütern „von Sonnenaufgang bis Mittag" dauern sollte. Das bedeutet, dass die Arbeitszeit nicht nur absolut kürzer war als heute, sondern auch relativ, indem sie je nach Jahreszeit variierte und im Winter kürzer war als im Sommer. Erst die abstrakte astronomische Stunde dagegen erlaubte es, unabhängig von der Jahreszeit und den körperlichen Rhythmen einen Arbeitsbeginn „um 6 Uhr" festzusetzen.

Deswegen ist die Epoche des Kapitalismus auch die Zeit der „Wecker", der Uhren also, die mit einem schrillen Signalton die Menschen aus dem Schlaf reißen, um sie an die künstlich erleuchteten „Arbeitsplätze" zu treiben. Und war erst einmal der Arbeitsbeginn in die Nacht vorverlegt, dann konnte umgekehrt auch das Arbeitsende nach hinten in die Nacht hineingeschoben werden. Diese Veränderung hat auch eine ästhetische Seite. Wie die Umwelt durch die abstrakte betriebswirtschaftliche Rationalität gewissermaßen „entstofflicht" wird, indem die Materie und ihre Zusammenhänge sich den Kriterien der Rentabilität unterwerfen müssen, so wird sie durch dieselbe Rationalität auch entdimensioniert und entproportionalisiert. Wenn uns alte Gebäude manchmal irgendwie schöner und behaglicher vorkommen als moderne, und wenn wir dann feststellen, dass sie gleichzeitig im Vergleich zu den heutigen „funktionalisierten" Gebäuden irgendwie unregelmäßig zu sein scheinen, dann ist das darauf zurückzuführen, dass ihre Maße Körpermaße und ihre Formen oft landschaftlich angepasst sind. Die moderne Architektur dagegen verwendet astronomische Raummaße und „dekontextualisierte" Formen, „losgelöst" von der Umgebung. Das gilt aber ebenso für die Zeit. Auch die moderne Architektur der Zeit ist entproportionalisiert und dekontextualisiert. Nicht nur der Raum ist hässlich geworden, sondern auch die Zeit.

Im 18. und frühen 19. Jahrhundert wurde sowohl die absolute als auch die relative Verlängerung der Arbeitszeit durch die Einführung der abstrakten astronomischen Stunde als Folter empfunden. Lange Zeit wehrten sich die Menschen verzweifelt gegen die mit der Industrialisierung verbundene Nachtarbeit. Vor Sonnenaufgang und nach Sonnenuntergang zu arbeiten, galt geradezu als unmoralisch. Wenn im Mittelalter Handwerker aus Termingründen einmal nachts arbeiten sollten, mussten sie üppig verpflegt und fürstlich entlohnt werden. Nachtarbeit war ein seltener Ausnahmefall. Und es gehört zu den „großen" Leistungen des Kapitalismus, dass es ihm gelungen ist, die Zeitfolter zum Normalmaß der menschlichen Tätigkeit zu machen.

Daran hat sich auch durch die Verkürzung der absoluten Arbeitszeit seit dem Frühkapitalismus, die dort verbreitet bis zu 16 Stunden und teilweise mehr betrug, nichts geändert. Im Gegenteil, die sogenannte Schichtarbeit hat sich im 20. Jahrhundert immer mehr ausgedehnt. Durch einen Zwei- oder sogar Dreischichtbetrieb sollen die Maschinen möglichst durchgehend laufen, unterbrochen nur durch kurze Pausen für Einstellung, Wartung und Reinigung. Auch die Öffnungszeiten der Läden und Kaufhäuser sollen möglichst dicht an die 24-Stunden-Grenze herangeschoben werden. In vielen Ländern gibt es, wie z.B. in den USA, überhaupt keine gesetzlich festgelegte Ladenschlusszeit und an zahlreichen Geschäften prangt das Schild: „24 Stunden durchgehend geöffnet". Seit die mikroelektronische Kommunikations-Technologie den Fluss des Geldes globalisiert hat, geht auch der Finanztag der einen Erdhälfte nahtlos in den der anderen über. „Die Finanzmärkte schlafen nie", so sagt es die Werbung. So lässt sich allein schon daran, wieviel Uhren jemand benutzt oder wie oft er zur Uhr schaut, erkennen, in welchem Maße er Opfer der Zeitfolter ist; und zwar objektiv, ob er es also weiß oder nicht. Die vermeintliche Freiwilligkeit der Unterwerfung unter diese Zeitfolter zeigt nur den Grad der Erniedrigung der Menschen.

Das Licht der Aufklärungs-Vernunft ist in Wahrheit die Beleuchtung der Nachtschicht. In demselben Maße, wie die Konkurrenz total wurde, verwandelte sich der äußere, gesellschaftliche Imperativ auch in einen inneren Zwang des Individuums. Der Schlaf wird ebenso zum Feind wie die Nacht, denn solange man schläft, verpasst man Chancen und ist den Angriffen der anderen hilflos preisgegeben. Der Schlaf des marktwirtschaftlichen Menschen wird daher kurz und flach wie der eines wilden Tieres, und zwar umso mehr, je „erfolgreicher" dieser Mensch sein will. Die fremdbestimmte Arbeitsqual der mechanischen Nachtschicht erscheint auf der Ebene des Managements als „freiwilliger" Verzicht auf Schlaf. Es gibt sogar schon Management-Seminare, auf denen Techniken der Schlaf-Minimierung geübt werden können. Allen Ernstes behaupten heute Schulen des Self-Managements (Selbst-Organisation): „Der ideale Business-Mann (Geschäfts-Mann) schläft nie", genau wie die Finanzmärkte! Die verlangte und unterwürfig durch die verhausschweinten Individuen sich selbst verordnete ununterbrochene telefonische Erreichbarkeit drückt nur den Totalitarismus dieses Systems aus, das diese Zeit-Folter auch noch als erstrebenswerte „Freiheit" verkauft.

Die Unterwerfung der Menschen unter die „abstrakte Arbeit" und ihr astronomisches Zeitmaß ist aber nicht möglich ohne eine ebenso allseitige Beobachtung, und Beobachtung ist nur im Licht möglich: ungefähr so, wie die Polizei beim Verhör eine blendende Lampe auf das Gesicht des Delinquenten richtet. Nicht umsonst hat das Wort „Aufklärung" im Deutschen zugleich eine militärische Nebenbedeutung, nämlich „Auskundschaften des Feindes". Und eine Gesellschaft, in der jeder dem anderen und sich selbst zum Feind wird, weil alle dem gleichen säkularisierten Gott des Kapitals dienen müssen, wird mit logischer Notwendigkeit zu einem System der totalen Beobachtung und Selbstbeobachtung.

In einem mechanischen Universum muss auch der Mensch eine Maschine sein und maschinell bearbeitet werden. Das Licht der Aufklärung hat ihn dafür zugerichtet und „durchsichtig" gemacht. Der französische Philosoph Michel Foucault zeigt in seinem Buch

„Überwachen und Strafen" (1975), wie diese totale „Sichtbarkeit" zur historischen Falle geworden ist. Zu Beginn des 19. Jahrhunderts übte der Kapitalismus die totale Beobachtung noch durch eine „Pädagogik des Zuchthauses" ein, wie sie der liberale „Nützlichkeits-Philosoph" Jeremy Bentham (1748-1832) als ein ausgeklügeltes System der Organisation, der Bestrafung und sogar der Architektur für Gefängnisse, Fabriken, Büros, Krankenhäuser, Schulen und Erziehungsheime entwickelt hat.

Die marktwirtschaftliche Öffentlichkeit ist keine Sphäre der freien Kommunikation, sondern eine Sphäre der Beobachtung und der Kontrolle. Das erinnert an die negative Utopie „1984" von George Orwell. War diese Kontrolle in den totalitären Diktaturen eine äußerliche durch den bürokratischen Staats- und Polizei-Apparat, so ist sie in der Demokratie zur verinnerlichten Selbstkontrolle geworden, ergänzt durch die kommerziellen Medien, in denen sich die Scheinwerfer der Konzentrationslager in die Lichter eines ungeheuren Rummelplatzes verwandelt haben. Hier wird nicht frei diskutiert, sondern gnadenlos ausgeleuchtet. In der kommerziellen Demokratie hat sich dieses System so verfeinert, dass die Individuen ganz von selber den kapitalistischen Imperativen gehorchen und gewohnheitsmäßig der eingeätzten Spur folgen wie programmierte Roboter. So sind wir alle ständig (freiwillig) Gehetzte. Auch die gewaltsam erzwungene Zeitumstellung nach jedem halben Jahr ist zu nichts Anderem da, als uns (das Menschenmaterial) ständig auf Trab zu halten.

Nur wenn Nacht, Schlaf und Traum aus dieser reaktionären Gefangenschaft befreit werden, können sie zu Parolen einer emanzipatorischen Gesellschaftskritik werden. Widerstand gegen den totalen Markt beginnt vielleicht dort, wo die Menschen sich rücksichtslos das Recht nehmen, erst einmal gründlich auszuschlafen.

Wenn Du bis hierher aufmerksam gelesen hast, weißt Du schon viel über die grundlegende Bedeutung der Sprache in unserem heutigen gesellschaftlichen System Kapitalismus und darüber, wie wichtig es für Dich ist, Deinen korrekten Wortschatz zu entwickeln. Bevor ich Dir zeige, wie verkorkst und ohnmächtig Du mit unserer so schönen deutschen Sprache umgehst, möchte ich Dir ein paar deutsche Sprachregeln vermitteln, die in der Schulausbildung offenbar ein verkümmertes Dasein fristen.

Der Aufbau eines deutschen Satzes (Satzaufbau)

Subjekt, Prädikat, Objekt bezeichnen die Inhalte beim Satzaufbau im deutschsprachigen Raum; sie sind also die Regel dafür, was ein deutscher Satz beinhalten muss, um überhaupt als Satz gelten zu können. Sprache wird erst durch Regeln zu einer Sprache. Wörter, aus Silben und Buchstaben zusammengesetzt, können wir nur durch Einhaltung bestimmter Regeln benutzen und zur Sprache werden lassen. Das betrifft alle Sprachen der Welt. Also Regeln wie die, dass wir überhaupt Sätze bilden oder Satzzeichen verwenden, bestimmte Wörter groß oder klein schreiben, was eher am Satzanfang steht, ob wir in Zeilen oder Spalten schreiben oder von links oder rechts in der Zeile…, all das bestimmen diese Regeln fürs Sprechen und Schreiben. Hätten wir sie nicht, könnten wir uns kaum verständigen, geschweige überhaupt eine Kultur entwickeln bzw. eine Gesellschaft bilden. Und die Regeln haben nicht etwa irgendwelche besserwisserischen Hirnis festgelegt, sondern sie haben sich durch den praktischen Sprachgebrauch über lange Zeiträume hinweg natürlich herausgebildet, indem bestimmte Sprechweisen durch Nachahmung immer breiter verallgemeinert wurden. Das ist bis heute so geblieben und wirkt sich, wie wir noch sehen werden, nicht nur sprachverbessernd aus.

Nehmen wir uns also einmal unseren schönen deutschen Satz vor: Sagen wir mal – *„Otto führt seinen Hund aus".* Was in diesem Satz ist das „Subjekt"? Hier möchte ich allen, die mit diesem lateinischen Kram Probleme haben, zunächst ein wenig eine gewisse Angst nehmen. Mir geht es in diesem Lesebuch einzig darum, dem Leser behilflich zu sein, sein Sprachgefühl zu entwickeln. Was sonst? Und dabei kann das Lateinische kaum etwas nützen – eher im Gegenteil. Ich höre schon die „Wissenschaft" lamentieren. Lass sie. Aber das Lateinische sollte insbesondere ihr gehören, denn dort ist es sinnvoll.

Ich hatte noch das Glück, Deutsch in der Schule zu lernen, als die sprachlichen Fachausdrücke noch deutsche waren. Für uns baute sich ein Satz aus *„Satzgegenstand", „Satzaussage"* und *„Satzergänzung"* auf; das war schwer genug, aber für fast alle gut machbar, weil man sich unter diesen Begriffen etwas vorstellen konnte.

Schauen wir also nun direkt in unseren Beispiel-Satz: Nach dem Subjekt, also dem *Satzgegenstand* fragten wir früher mit „wer oder was?". „Wer oder was" führt seinen Hund aus? „Otto". Er ist also sprachlich das Wichtigste in diesem Satz; eben der *Gegenstand* des Satzes.

Das Prädikat, also die *„Satzaussage"* erfragten wir mit „was tut?". „Was tut" Otto? Er „führt aus". Dieser Satzteil ist also eine Beifügung, die einen Zustand des Subjekts, also Ottos, aussagt; die *Aussage* also.

Das Objekt, folglich die *„Satzergänzung"* kann erfragt werden mit „wem, wen oder was?". Sie wird von der „Satzaussage" gefordert. „Wen" also führt Otto aus? „Seinen Hund". Das Objekt ist ein sogenanntes substantivisches Satzglied, das eine Ergänzung zum Prädikat (Satzaussage) bildet. Substantivisch meint: wie ein Substantiv (Dingwort, Hauptwort), das also großgeschrieben wird.

Unser Deutschlehrer hat uns damals regelrecht getrietzt mit diversen „Satzbestimmungen". Es war nicht leicht, denn die meisten deutschen Sätze sind viel länger und kniffliger als unser kleiner Beispiel-Satz. Oft hing uns das zum Hals heraus; aber wir haben eine Menge dabei gelernt, nämlich ein gutes Sprachgefühl zu entwickeln.

Mal ehrlich, diese kleine Satz-Geschichte kann jeder innerhalb von drei Unterrichtsstunden (je eine für jeden der drei Satzteile) lernen; das Trietzen nicht mitgerechnet, denn das muss in jedem folgenden Schuljahr immer mal wieder stattfinden.

Dafür braucht es Lehrer, die wirklich alles über den deutschen Satz wissen, und zwar sowohl auf Deutsch wie auf Lateinisch und die das mit dem „Trietzen" pädagogisch so umsetzen, dass es den Schülern eben nicht zum Hals heraushängt, sondern eher Spaß macht. Lehrer sind praktische Wissenschaftler. Als solche brauchen wir sie mit höchster Qualifikation und entsprechender Belohnung. „Belohnung" meint ihren gesellschaftlichen Status insgesamt, ihre Achtung, ihr Ansehen und die Entlohnung. Nichts davon wird den heutigen Lehrern zuteil. Im Gegenteil, Eltern und Schüler gehen oft respektlos und rüde mit ihnen um; sie werden im Internet verunglimpft und in den Schulen oft sogar tätlich angegriffen.

Ist das zu ändern? Innerhalb des bestehenden kapitalistischen Systems ist es das leider nicht. Auch was sich auf diesem begrenzten Gebiet abspielt, ist nur eine Form des vor unseren Augen stattfindenden weltweiten Systemzerfalls. Jeder Einzelne hat die kapitalistischen Formen so umfassend verinnerlicht, dass er nur noch in diesen Formen denken kann („Arbeit", Markt, Konkurrenz, Geld, Kapital, Profit, Staat, Nation, Demokratie, Recht, Politik...). Die Menschen können sich ein Leben außerhalb dieser Formen gar nicht (mehr) vorstellen; sie sind somit selbst (in persona) der Kapitalismus. Die harte Nuss, die zu knacken ist, bedeutet, dass die Menschen nur noch Grundlegendes zum Besseren verändern können, wenn sie die kapitalistischen Kategorien, die sie so sehr verinnerlicht haben, zunächst restlos aus sich herauswürgen. Der Weg dorthin führt über die Entwicklung eines „enormen Bewusstseins" (Marx) bis zur rigiden Ablehnung der genannten Kategorien und deren Abschaffung. Das ist nicht nur schwer zu begreifen, sondern auch schwer zu ertragen.

Wo steht das Wort im Satz?

„Einige von uns wurden zusammengeschlagen"

„Einige wurden von uns zusammengeschlagen" (eine absolut entgegengesetzte Aussage).

„Ein Pferd hat die Bundespolizei an der Autobahn bei Kaiserslautern aufgegriffen". So weit sind wir schon, dass nun bereits Pferde eingesetzt werden, um wahrscheinlich herumstreunende Polizisten auf der Autobahn zu ergreifen. Richtig: „Die Bundespolizei hat an der Autobahn... ein Pferd aufgegriffen". Der Schreiberling hat nur vom Satzbau keine Ahnung, sonst wüsste er, dass nicht das Pferd, sondern die Bundespolizei der Satzgegenstand ist. Er hatte wie sehr viele andere Pech, denn weder seine Lehrer, noch seine Eltern brachten es ihm   bei.

Artikel / Geschlechtswort

Der, die, das bezeichnen in der deutschen Sprache das sprachliche Geschlecht der Hauptwörter (männlich, weiblich, sächlich). Die Betonung liegt hier auf „sprachlich", auch wenn es bei „der Mann, „die Frau", „das Kind" auch biologisch zu stimmen scheint.

Ja, scheint, denn „Kind" ist ein abstrakter, kein biologischer Begriff, der sowohl Jungen (der Junge) als auch Mädchen (das Mädchen) umschließt. Die Bestimmung „sächlich" (wie eine Sache) ist eigentlich diskriminierenden Ursprungs. Sie spricht Kindern den Personenstatus ab, macht sie zu Besitz, wie eine Sache besessen wird. Diese Geschlechter-Zuordnung in der deutschen Sprache bereitet insbesondere den Menschen aus anderen Sprachräumen Probleme beim Erlernen der deutschen Sprache, denn die sprachliche Geschlechter-Zuweisung folgt keinerlei Regeln. Der Bahnhof, die Welt, das Grab... wer soll das verstehen? Wir hier Geborene lernen es ebenfalls nur, indem wir es immer und immer wieder durch ständige Wiederholung Tag für Tag immer besser mitbekommen.

Präposition / Vorwort, stirbt sie aus?

„Ich geh' Bahnhof". Richtig: „Ich geh' zum (zu dem) Bahnhof"; „Ich habe Rücken". Richtig: „Ich habe einen kranken Rücken" oder „Mir tut der Rücken weh". Alles andere ist nur Gestammel Verblödeter. Sie merken nicht einmal, dass sie von einem sehr bekannten deutschen Komiker, der ebenfalls stets Rücken hat und als Horst Schlemmer beim Grevenbroicher Tageblatt „arbeitet", nach Strich und Faden verarscht werden. Wenn sogar *der* das so sagt, muss es ja wohl richtig sein.

In solchem Satz: „Ich habe Rücken" steckt jedoch nicht der geringste Sinn, denn jeder Mensch hat einen Rücken. Zum Glück ist das so, denn ohne Rücken säße unser Kopf mit seinem hinteren Teil direkt über dem Arsch und mit dem Gesicht direkt über... Wer uns also erzählt, dass er Rücken hat, will uns eigentlich mitteilen, dass das mit dem Kopf und dem Arsch... bei ihm nicht so ist. Für wie blöd hält er uns aber, um anzunehmen, dass wir gedacht haben könnten, dass bei ihm evtl. der Rücken fehlt? Er hat einfach nicht richtig zu sprechen gelernt und ähnelt in gewisser Weise dem Pferd, das Mandeville erwähnte.

Noch eine kleine Ergänzung: Zu sagen, dass man etwas hat, das im Normalfall alle Menschen haben, weil es biologisch zum Menschen gehört, ergibt keinen Sinn. Einen Sinn hat es, zu sagen, dass man etwas hat, das sonst nicht biologisch zu einem Menschen gehört: „Ich hab' Läuse", „Ich hab' Schuppen", „Ich hab' Fußpilz"... Und natürlich ist es auch sinnvoll, wenn jemand sagt, was er nicht hat, das aber normalerweise zu einem Menschen gehört: „Ich hab' kein Bein", „Ich hab keinen Arsch" (in der Hose), „Ich hab' kein Kreuz", „Ich hab' keinen Verstand". Der letzte Satz kann jedoch stets nur eine Lüge sein, denn fehlt der Verstand, kann gar kein Satz entstehen.

Die 4 Fälle in der deutschen Sprache

Der erste Fall: Er heißt Nominativ, wir nannten ihn früher den *Wer-Fall*. Zu fragen ist also „Wer oder was?". Beispiel: Otto kommt zu spät ins Kino. „Wer oder was kommt zu spät ins Kino"? Otto.

Der zweite Fall: Er heißt Genitiv, bei uns früher *Wes*(sen)-*Fall*. Zu fragen ist „wessen?". Und die Antwort lautet immer: „dessen"! Beispiel: Der Ärger seiner Lehrerin ist groß. „Wessen Ärger ist groß"? Der *seiner* Lehrerin; also *ihr* Ärger, also *ihrer*, also *der ihrige*. Nicht: „Seine Lehrerin ihrer" oder gar „der von seine Lehrerin".

Was ist hieran schwer zu begreifen? Warum ist der Dativ angeblich sein (des Genitiv) Tod? Mit dem Genitiv (zweiter Fall) stellen wir uns beim Lernen besonders bockig an. Woran liegt das wohl? Daran, dass wir dazu neigen, etwas wissen zu wollen ohne Lernaufwand betreiben zu müssen. Das ist jedoch ein Paradoxon. Dabei ist dieser Fall kaum schwieriger als die anderen drei, sondern erfordert wegen der relativ vielen Verhältniswörter, die diesen Fall verlangen, ein wenig mehr Wiederholungen.

Wie blöd muss man sein, um zu sagen: „Im Verlaufe diesen Jahres". „Jahres" ist hier richtig der zweite Fall (Genitiv); und die Blödis verbinden das „Jahres", diesen zweiten Fall, nun gar mit dem vierten Fall (Akkusativ). Für sie heißt es nicht etwa „des Jahres/dieses Jahres", sondern „den Jahres/diesen Jahres". Wundern müssen wir uns allerdings über diese Dummheit nicht. Der Zusammenhang ist ganz einfach. In einer Schule, in der ein Gebrauchs-Wortschatz von durchschnittlich 700 Wörtern vermittelt wird, also ein unterstes Niveau, wird eben der Gebrauch des weitaus größeren Teils unserer Sprache nicht vermittelt. Warum das so ist, konntest Du bereits weiter oben (Mandeville) lesen.

Der dritte Fall: Er heißt Dativ oder der *Wem-Fall*. Zu fragen ist „Wem …? Bei wem …? Mit wem …? usw. Beispiel: Draußen erzählt er seiner Freundin davon. „Wem" erzählt er draußen davon? Seiner Freundin.

Der vierte Fall: Er heißt Akkusativ oder der *Wen-Fall*. Wir erfragen ihn mit „Wen oder was …? Für wen oder was …? An wen oder was…? usw. Beispiel: Abends schaut er fern. „Wen oder was" macht er abends? Er schaut fern.

Eine verbreitete Regel bei Sprachen ist, dass ihre Wörter dekliniert werden. Deklination bedeutet im Deutschen „Beugung". Je nach ihrer Verwendung werden die Wörter verändert und erhalten verschiedene Endungen. Damit ist leichter erkennbar, mit welchem Sprach-Fall wir es gerade zu tun haben. Aber viel bedeutsamer ist, dass auf diese Weise der Wortveränderung eine Sprache äußerst variabel, vielschichtig, ausdrucksstark – einfach schön wird. In unserer deutschen Sprache bewirkt das vor allem der „zweite Fall", der aus Faulheitsgründen, letztlich also von Dummköpfen geschmähte „Genitiv".

Beispiel:

Nominativ	Genitiv	Dativ	Akkusativ
der Mann	*des* Mannes	*dem* Mann	*den* Mann
die Frau	*der* Frau	*der* Frau	*die* Frau
das Kind	*des* Kindes	*dem* Kind	*das* Kind

Und obwohl das nicht schwerer zu begreifen ist als das Alphabet, weigern sich die meisten unserer deutschen Sprecher, diese verhältnismäßig geringe Anstrengung zu tun. Damit verweigern sie sich der deutschen Sprache und ersetzen diese lieber durch Wort-Gesülze. Ihr Rückgrat, das die Sprache zweifellos ist, demontieren sie folglich Stück, für Stück, für Stück mit diesem faul, fauler am faulsten. Und die Beschäftigten (!) in den Medien marschieren dabei stramm vorneweg und sind voll von solchem Gesülze.

Zur richtigen Verwendung der Fälle helfen uns die Präpositionen. Das sind *Verhältniswörter*. Ein Verhältniswort ist, wie sein Name schon ahnen lässt, ein Wort, das Wörter zueinander in Beziehung setzt und ein bestimmtes Verhältnis angibt. Solche Beziehung kann eine des Ortes, der Zeit, der Art und Weise und des Grundes/der Ursache sein. Zu fragen ist jeweils folgendermaßen:

Ort: wo/wohin? Beispiel: Der Teller steht *auf dem Tisch*.

Zeit: wann? Beispiel: Ich lebe *seit drei Jahren* in der Schweiz.

Art und Weise: wie? Beispiel: Sie erklärte den Text *auf Englisch*.

Grund/Ursache: warum? Beispiel: *Wegen der Verspätung* fiel das Treffen aus.

Unser Lernaufwand hierfür hält sich in Grenzen, denn es ist übersichtlich, welches Verhältniswort welchen Fall nach sich zieht.

Abzüglich, angesichts, (an)statt, außerhalb, bar, behufs, bezüglich, diesseits, einschließlich, entlang, infolge, innerhalb, inmitten, jenseits, kraft, längs, mittels, ob, oberhalb, seitens trotz, unbeschadet, ungeachtet, unterhalb, unweit, während, wegen, zugunsten **– verlangen die Anwendung des zweiten Falls (Genitiv).** Im praktischen Sprachumgang wird hier absolut geschlampt. Warum? Weil den jungen Menschen weder die Gelegenheit noch die Zeit gegeben wird, das zu lernen und immer aufs Neue zu üben, um daraus ein Sprachgefühl zu entwickeln.

Die Verhältniswörter *aus, außer, bei, entgegen, entsprechend, gegenüber, gemäß, mit, (mit)samt, nach, nächst, nahe, nebst, seit, von, zu* **verlangen (noch) den dritten Fall (Dativ).** Hier zeigen sich bereits zunehmend Abwanderungen zum Genitiv. Warum? Weil insbesondere *er* unser Sprechen elegant macht.

Bis, durch, für, gegen, je, ohne, um, wider **verlangen den vierten Fall (Akkusativ).** Der Akkusativ steht, wenn eine Zielrichtung oder ein Zielort bezeichnet wird. Beispiel: Sie geht in *die* Küche, setzt sich *ans* (an *das*) Fenster und schaut auf *den* Straßenverkehr.

Hierüber hinaus sind wir uns alltagssprachlich nicht eindeutig klar darüber, wie wir bestimmte Verhältniswörter zu benutzen haben und wechseln bei ihrer Anwendung zwischen zwei Fällen hin und her.

Dank und *laut* sind solche Kandidaten. Wir verwenden sie **sowohl im Genitiv als auch im Dativ.** Bei *dank* sehen wir allerdings eine ziemlich starke Hinwendung zum Genitiv.

Ähnlich verhält es sich mit den Verhältniswörtern *an, auf, hinter, in, neben, über, unter, vor* und *zwischen.* Diese benutzen wir **sowohl im Dativ wie auch im Akkusativ.**

Die leidigen Verhältnisse (zur Eingewöhnung in unsere Sprach-Schlude-rei)

Ich weiß nicht wann, aber irgendwann muss es gewesen sein. Jemand ohne nennenswertes Sprachgefühl muss einmal gesagt haben: *„Wir leben über unsere Verhältnisse"*. Damit traf er gewissermaßen ins Schwarze. Denn seitdem wird dieser Sprachquatsch in allen Medien von Sprachschwachmaten jeglicher Couleur rauf und runter nachgeplappert. Es muss heißen: „über *unseren* (den) Verhältnissen". Hier haben wir es, wie früher mein Deutschlehrer sagte, mit *Geschwindigkeit* zu tun. Man kann sprachlich über Verhältnisse hinwegfliegen, hinwegspringen, hinweghechten, hinwegtollen... und sogar reden. Sobald es aber langsamer wird, was oberhalb der Verhältnisse stattfindet, kann es sprachlich nur heißen: „über den Verhältnissen sitzen, liegen, dösen oder eben leben". Leben findet nicht über die, sondern über den Verhältnissen statt, weil es ja eine Weile andauert.

Kleines anderes Beispiel: Jeder sagt richtig: „Wir leben hier in Deutschland definitiv unter unseren Möglichkeiten". Warum sagt hier niemand „unsere" Möglichkeiten?

Und noch einmal zur Rolle der *Geschwindigkeit* in unserer Sprache:

„Ich bin nie dagesessen und habe gewartet". Sprachlich sind „gesessen" und „gewartet" gleich. Also hieße es richtig: „Ich habe nie dagesessen und gewartet". Aber bei   dieser Sichtweise scheiden sich die deutschen Geister, und zwar in Nord und Süd. Mein Deutschlehrer meinte damals, dass beide Varianten grammatikalisch natürlich richtig sind. Jedoch sei die Bildung mit *sein/bin* regional auf den deutschen Süden begrenzt und färbt von dort bis nach Österreich und auch etwas in die Schweiz ab. Hingegen ist die Variante mit *haben* die allgemeinere Form und somit weiter verbreitet, mindestens von Thüringen an nordwärts. Und er gab uns eine prima Eselsbrücke: Die richtige Variante findet man ganz leicht mit Hilfe der Geschwindigkeit. Die Wörter ohne Geschwindigkeit verlangen *haben* (sitzen, stehen, liegen, knien, hocken, trödeln…). Die Wörter mit Geschwindigkeit jedoch verlangen die Variante mit *sein/bin.* (laufen, rennen, gehen, fliegen, spurten, aufstehen, stolpern…). Eigentlich ganz einfach, oder? „Ich saß nie da und wartete" wäre natürlich ebenfalls gut möglich und sogar für die Ohren im Norden wie im Süden gleichermaßen angenehm.

Ort und Zeit werden im allgemeinen Sprachgebrauch aus Unwissenheit und gewöhnlicher Lernfaulheit verwechselt. Da es nicht schwer ist, eine Zeit von einem Ort zu unterscheiden, frage ich mich immer, was in den Gehirnen der Leute los ist, die das jedoch ständig tun. Die mir am wenigsten angenehme, aber wahrscheinlichste Antwort ist wohl: Nichts! Und noch blöder: Mit dem „wo" beziehen sie sich nicht nur falsch auf die Zeit, sondern auch auf Dinge.

„In dem Moment, wo mit Wohnungen Renditen erwirtschaftet werden…". Richtig: „In dem Moment, *wenn* oder *ab dem* oder *in dem* mit Wohnungen…"

„Jetzt, wo die Tage immer kürzer werden". Richtig: „Jetzt, *da* oder *wenn* die Tage…".

„Aber jetzt, wo du da bist". Richtig: „Aber jetzt, da du hier bist".

„Irgendwann kam dann die Zeit, wo ich wieder Filme drehen wollte". Richtig: „… kam dann die Zeit, *in der/als* ich wieder…".

„Es war etwas, wo wir aufpassen mussten". Richtig: „Es war etwas, *worauf/wobei* wir aufpassen mussten".

„Ich habe schon vorher geweint, wo ich durchs Ziel gekommen bin". Richtig: „... *als* ich durchs Ziel gekommen bin".

Das soll aber an grundsätzlichem Wissen zu unserer Sprache, also ihren Ursprüngen und heutigen Regeln, erst einmal genügen. Schauen wir uns im Folgenden an, wie wir sprechen, was wir ohne Unterlass tun, um das schöne Deutsch zu verhunzen und wie wir uns damit selbst in immer schnelleren Schritten das Gehirn selber herausoperieren. Beginnen möchte ich mit dem, worüber es sich lohnt nachzudenken, solange uns die Selbstoperation noch nicht total gelungen ist.

Sprach-Murks

Sehr, sehr viele unserer deutschen Mitsprecher haben nicht nur vom deutschen Satzbau keine Ahnung, sondern sie wissen auch nichts über einen Satzgegenstand, geschweige von den vier Fällen in der deutschen Sprache. Dabei können wir noch hochzufrieden sein, denn im Russischen zum Beispiel gibt es sogar sechs Fälle! Zu lernen ist diese Sprache allerdings ebenfalls. Aber ohne Fleiß... Hiermit ist unbedingt zu fragen, was heute den Schülern tatsächlich gelehrt wird. Und weiterhin, was wissen überhaupt die Lehrer von der deutschen Sprache?

Alle im Folgenden „angeführten" Sätze, sofern kein Autor angegeben ist, stammen aus Veröffentlichungen der diversen deutschen Print-, Hör- und Sehmedien in den zurückliegenden etwa 15 Jahren.

„Dies ist ein Sieg für Syrien, der dank unseren russischen Freunden erzielt wurde". (übersetzt, was ein syrischer Minister sagte). Besser: „...dank *unserer* russischen Freunde...".

„... wie man dem Öl Herr werden kann". Richtig: „... wie man *des* Öls Herr werden kann".

„Neueren Untersuchungen zufolge sind gerade einmal die Hälfte aller Bundestagsabgeordneten in sozialen Netzwerken unterwegs". Richtig: „...*ist* gerade einmal die Hälfte...".

„Gut ein Drittel meinen, er sollte nicht verfolgt werden". Richtig: „...ein Drittel *meint*...".

„Die Menge der Waffen deuten darauf hin, dass...". Richtig: „Die Menge der Waffen *deutet* darauf hin...".

„Europäische Regierungen, darunter auch Deutschland, ... halten an ihrer Kritik fest". (TV-Nachrichten). Seit wann ist Deutschland eine Regierung?

„Dann schlägt der Blitz nahe einem Turm ein". Richtig: „... nahe *eines* Turms...".

„Eine Billion Euro entgehen der EU...". Richtig: Eine Billion Euro *entgeht* der EU".

„Ein Großteil der Paare, die bei uns Hilfe suchen, wollen wissen, welche Möglichkeiten...". Richtig: „Ein Großteil ... *will* wissen...".

„Wir sprechen die Bevölkerung an. Die sind natürlich enttäuscht". Richtig: „... die *ist* natürlich enttäuscht".

„Ich wünsche dem Paar, dass sie lange glücklich sind". Richtig: „Ich wünsche dem Paar, dass *es* lange glücklich *ist*".

„Was das Publikum von uns mag, kriegen sie" (Blacky Fuchsberger). Richtig: „... *kriegt es*", besser „... *bekommt es*".

„Das deutsche Team stellt die drittgrößte Mannschaft". (TV-Sport). Blankes sprachliches Unvermögen, denn „Team" und „Mannschaft" sind identisch.

„Weil wir gesagt haben, die Holländer sind in der Todesgruppe". „Sag Hammergruppe". „O.k., sagen wir Hammergruppe, hört sich besser an". (TV-Sport). Nur Sprach-Gülle.

„Das ist mal `ne totsympathische Frau" (TV, M. Illner). Eben genau so sympathisch, wie es ist, tot zu sein.

„Ich habe noch etwas mörderisch Gutes für sie". Wie verrückt muss man sein, damit „mörderisch" etwas Gutes ist?

„Meine Mutter ist gestorben, wie ich sieben war". Sehr schade, wäre sie nicht gestorben, hätte sie ihm beibringen können, dass es richtig hieße: „..., als ich sieben *Jahre alt* war"

„Der HSV hat alles hinten reingeschmissen was sie hatten". (TV-Sport). Richtig: „... was *er* hatte". Solche Sprech-Unkultur finden wir tagtäglich in allen Medien. Nahezu kein Kommentator, Journalist, Trainer, Sportler... spricht beim Verein, dem Team, der Mannschaft oder irgendeiner anderen Gruppe richtig mit der Einzahl weiter. Ein einziger Jammer. „Türkei muss zulegen und das tun sie gerade".

„Hat denn einer was gesagt?" „Nicht wirklich!" (TV-Sportstudio). Dieser kleine Wortwechsel ist für dieses gesamte Sendeformat symptomatisch: Ununterbrochen sagt stets einer was, aber eben nicht wirklich. Ein Rumgesülze eben.

„Kapitän Ballack steht die Verzweiflung ins Gesicht geschrieben". Wenn sie schon steht, heißt es *im* Gesicht. Wenn das Schreiben noch im Gange ist, wird ihm die Verzweiflung gerade *ins* Gesicht geschrieben. Oder wenn es so aussieht wie *ins* Gesicht geschrieben.

„Das muss in den Köpfen rein der Spieler" (TV-Sport, S. Effenberg). Das ist unterstes Niveau. Richtig: „Das muss in die Köpfe der Spieler hinein".

„An Ihnen beiden einen ganz herzlichen Glückwunsch" (Moderatorin an die deutschen Fußballtrainer). Richtig: „An Sie beide…".

„Ich konntrohle Fässer" (TV, Jauch), Jauch: „Sie als Konntrohlerin". Man merkt richtig, wie sich beide in ihrer Sprach-Unterwürfigkeit vor Freude einpinkeln. Aber dazu später.

„Ivan Basso gewinnt Giro d'Italia" (Zeitung, Sport). Da der Text ein bereits zurückliegendes Ereignis meint, muss es heißen *gewann*.

„Die Großzahl unserer Sportarten sind gleichzeitig auch olympisch". Richtig: „Die Großzahl… *ist* … olympisch".

„Das Publikum, die wissen nicht, ob das richtig ist". Richtig. „das Publikum *das* (es) weiß nicht…".

„Das ist ein Pärchen, die sind schon lange verheiratet". Richtig: „… *das ist* schon lange verheiratet".

„Das Publikum weiß Bescheid, sie wollen den Kampf sehen". Richtig: „… *es* will den Kampf sehen".

„Die freuen sich, dass man denkt: *wau*" (wow). Ich weiß natürlich nicht, wer sich freut, wenn man „wau" denkt; es steht jedoch fest, dass es Abermillionen Menschen auf der ganzen Welt denken, denn sie sprechen ständig diesen Hundelaut. Wieso Hundelaut? Weil dieses „wow" als Inhalt einer sogenannten Sprechblase, nach allem was sich ermitteln lässt, zuerst wohl der Zeichentrickfigur *Pluto* angehängt wurde. „Pluto" (der Hund) wurde nach dem Himmelskörper Pluto benannt, der 1930 entdeckt wurde, im selben Jahr, in dem Walt Disney diese Figur erfand. „Pluto" war sehr vielseitig. Meistens war er Haushund von „Micky Maus"; manchmal jedoch war er auch der Hund von „Donald Duck" oder sogar von „Goofy", der selbst ein Hund war. Plutos Charakter und seine Mimik wurden vom Zeichner Norman Ferguson gestaltet. Erstmals trat Pluto am 18. August 1930 in der Micky Maus-Episode „Die Sträflingskolonne" auf. Die Sprechblase mit dem „wow" enthält also eine Lautmalerei, die in diesem Fall bedeutet, dass der Hund bellt; solche Lautmalereien sind auch zum Beispiel: „autsch", „hatschi", „ups", „flutsch", „krächs", „platsch" und viele weitere. Obwohl es für den Ausdruck des Erstaunens auf der Welt das gute einfache „oh" gibt, das mal so und manchmal so ähnlich klingt, imitieren die Menschen lieber einen Hund, der noch nicht mal einer ist, sondern eine Fantasie. Ebenso könnten sie „miau" oder „grunz" sagen. So sind sie (sprachlich) „auf den Hund gekommen".

Er: „Du siehst so – wau, wau!". Sie: „Ich hatte gehofft, dass du das sagst". (TV-Film). Im Abspann des Films: „Das war großes Kino". Das entspricht haargenau dem Niveau des US-Präsidenten, der 2009 auf die Nachricht, dass er den Friedensnobelpreis erhalten wird, per E-Mail einen Text verbreiten ließ mit dem Inhalt „Wow"! Sonst nichts. Er war sich sicher, dass er sich damit komplett gleichmacht mit allen anderen Sprach-Idioten in den USA und „dem Rest der Welt", also mit der absoluten Mehrheit der Bevölkerung dieses Planeten. Wähler und Gewählte verdienen einander. Immer und überall; auch was ihr Sprachvermögen angeht. Ganz plastisch, gewissermaßen gewaltsam, wurde das auch wieder im erst vor kurzem beendeten Präsidenten-Wahlkampf in den USA verdeutlicht. „Die Geistlosigkeit nimmt alle Formen an, um sich dahinter zu verstecken", wusste bereits Schopenhauer.

„Dennoch richtete das Model ihr Leben nach dem neuen Superstar ihres Herzens aus". Richtig: „… richtete das Model *sein* Leben nach dem neuen Superstar *seines* Herzens aus".

„So wird 56 Prozent der in den USA erzeugten Energie verschwendet; die Hälfte der Nahrungsmittel wird zu Abfall". (Das schrieb ein Prof. Dr.). Richtig: „So *werden* 56 Prozent... verschwendet". Warum formuliert er den ersten Satz falsch, während der zweite Satz korrekt ist, obwohl es jeweils sprachlich in beiden Sätzen um die gleiche Form geht? Die Antwort ist nicht schwer: Er benutzt das Zufallsprinzip, denn er hat keine Ahnung davon, wie und warum es so oder so sein muss. In der Schule hat er gepennt oder er hatte mit seinen Lehrern Pech. Aber merke: Doktor und Professor kannst du heute auch werden, wenn Du deine „Mutter- und Vatersprache" nur radebrechst.

„Der Mord an einem ausländischen Ärzteteam und ihren afghanischen Helfern". Richtig: „... einem ausländischen Ärzteteam und *seinen* ... Helfern".

„254 Tonnen Polyester-Müll wurde umweltfreundlich entsorgt". Richtig: „... *wurden* umweltfreundlich entsorgt".

„Schwarzwaldmädel Bärbel zieht alle in ihren Bann". Richtig: „... in *seinen* Bann".

„Ein großer Teil der Häuser mussten hier weichen". Richtig: „Ein großer Teil... *musste* hier weichen".

„Jährlich behandelt er und sein Team viele Patienten". Richtig: „Jährlich *behandeln* er und sein Team...".

„Dort sind Lehrer ausschließlich angestellt, nicht verbeamtet". Richtig: „Dort sind Lehrer... nicht *beamtet*". Ein Angestellter ist angestellt und ein Beamter ist beamtet; der Vorgang, in dem er zum Beamten berufen wurde, also die „Verbeamtung", spielt für den Status seines Angestelltseins gar keine Rolle mehr.

„Nicht einmal ein Drittel der Beschäftigten kommen auf dieses Ergebnis". Richtig: „...ein Drittel der Beschäftigten *kommt* auf...".

„Ich esse, *weil* ich habe Hunger". Richtig: „… weil ich Hunger habe" oder „… *denn* ich habe Hunger".

„Ich freue mich, *weil* ich tanze gerne". Richtig: „… *denn* ich tanze gerne".

„*Weil* wir machen jetzt `ne Sommerpause". Richtig: „… *denn* wir machen…". Nur hinter „denn" kann ein Hauptsatz beginnen, nicht jedoch hinter „weil", denn es ist ausschließlich rückbezüglich und beginnt einen Nebensatz. Das ist doch nicht schwer zu begreifen. Oder?

„Frauen *verdienen* 22 Prozent weniger als Männer". Richtig: „Frauen werden 22 Prozent *weniger* gezahlt als Männern".

„Kiefernholz, aus dem die Masse der Pfähle sind". Richtig: „Aus dem die Masse der Pfähle *ist*".

„In Iran sind… Menschen wegen bewaffnetem Raub, Mord und Entführung hingerichtet worden". Richtig: „…*wegen bewaffneten Raubes, Mordes* und Entführung…".

„…entfielen auf jeden Deutschen 9,6 Liter reinen Alkohols. 74.000 Menschen sterben laut den Suchtexperten…" (Deutsche Hauptstelle für Suchtfragen in einer Zeitung). Ebenso beschämend, wie dieses Saufen allein für uns schon ist, ist es auch dieser Satz. Denn richtig ist hier: „…sterben laut *der* Suchtexperten…".

„Auch auf deutscher Seite waren bereits eine Million Soldaten umgekommen". Richtig: „…*war* bereits eine Million Soldaten…".

Merke: Journalisten sind ebensolche Sprach-Pfuscher wie Du selbst. Natürlich *nicht nur* Journalisten.

„ich freue mich, dass ein junges Ehepaar aus Köln hier ist, die extra mit der Straßenbahn gekommen sind" (Harald Schmidt).

Richtig: „… Ehepaar aus Köln hier ist, *das* extra mit der Straßenbahn gekommen *ist*".

„Das Mädchen hat ihre Mutter umgebracht". (TV-Krimi-Serie, USA, Übersetzung). Richtig: „Das Mädchen hat *seine* Mutter umgebracht".

„Da saß ein Mädchen, die war vielleicht 14". (TV, Dieter Nuhr). Richtig: „… ein Mädchen, *das* war vielleicht 14 (Jahre alt)".

„Gute Nacht, schlafen sie schön". (TV). Richtig: „… schlafen sie *gut*".

„Es wurden schöne Erfolge erzielt". Richtig: „… *gute/große/wesentliche* Erfolge erzielt". „Schön" hat etwas mit „Aussehen" zu tun, um eine angenehme Wirkung auf unseren Seh-Sinn zu haben.

„Jetzt kommt ein junges Paar. Die haben ein komisches Hobby". (TV). Richtig: „… ein junges Paar. *Das hat* ein komisches Hobby".

„Die Flüsse waren pegelmäßig am Boden". (TV). Sprach-Nonsens, ebenso wie „wettertechnisch", „verkehrstechnisch", „sprachmäßig" und ähnlicher Mist.

TV-Sport Basketball: „Argentinier und Amerikaner". Sprach-Nonsens. Und: „Es ist eine ganz sichere Sache für die Amerikaner". Alle Beteiligten, also auch die Argentinier sind Amerikaner.

„7 zu 9 aus amerikanischer Sicht". Volleyball Frauen Brasilien – USA, Olympiade 2012. Da Brasilianerinnen und US-Amerikanerinnen alle Amerikanerinnen sind, hat dieser Satz nicht den Hauch eines Sinns und ist nur gequirlte Scheiße.

TV-Sport Frauenfußball: „Kanada und Amerika". Sprach-Nonsens.

TV-Werbespruch: „Vor, während und nach dem Kolorieren". Richtig: „Vor, *während des* und nach dem Kolorieren".

TV-Sport Männerfußball: „Den besten Fußball spielt die Ukraine, wenn sie kontern können". Auch dieser Satz ist absoluter Blödsinn. Ein Land kann nämlich nicht Fußball spielen. Aber selbst wenn das ginge, müsste es richtig heißen: „...spielt die Ukraine, wenn sie kontern *kann*".

Fußballtrainer im TV: „Schönen Gruß an die Mannschaft, die oben aus dem Fenster gucken". Richtig: „... die oben aus dem Fenster *guckt*".

TV-Nachrichten: „fümmenzwanzich"; „högstens"; „Situwatzjohn"; „Tsüchater"; „Manches müssen auch die Högsten". Nicht nur sie, sondern sehr dringlich die betreffenden Moderatoren, die ihr Hauptwerkzeug (Sprache) nicht beherrschen, sondern es vergammeln lassen.

TV, Biathlon-Trainer: „So ein überragendes Mannschaftsergebnis ist mehr als gut". Er weiß nicht, dass mehr als gut schlicht „sehr gut" ist.

„Eh du, du bist doch bescheuert im Kopf". Klar, wo denn sonst?

„Weltraumspaziergang". So etwas gibt es gar nicht. Stets handelt es sich um einen harten Arbeitseinsatz eines Raumfahrers außerhalb des Raumschiffes/der Raumstation.

Und auch hierüber lohnt es sich nachzudenken:

Unwetter, Unart, Unwesen, Unkosten, Unkraut, Unwort, Ungeziefer. Diese Wörter hören und lesen wir immer wieder, aber sie bezeichnen – nichts! Kosten sind Kosten und Unkosten sind ebenfalls Kosten; aber indem wir sie Un-Kosten nennen, sagen wir eigentlich, dass es gar keine Kosten, also „Nichtkosten" sind. Aber gerade das Gegenteil, nämlich besonders hohe Kosten, soll damit gemeint sein. Und warum sagen wir nicht „Hohe Kosten"? Weil irgendwann mal irgendein Blödmann „Un-Kosten" gesagt hat und seither es ihm alle, ohne selbst darüber nachzudenken, nachsprechen. Und so wurde dieses zunächst als Negation und „nichts" begriffene „Un" im Laufe der Zeit mit ganz verschiedenen Bedeutungen in unser sprachliches Regelwerk aufgenommen. Der Blödmann meinte wahrscheinlich „un-geheure", „un-erhörte", „unsägliche" Kosten. So „geht" Sprachentwicklung: Irgendein Schwachkopf äußert einen Schwachsinn und immer mehr Schwachsinnige plappern das nach. Ist dann eine gewisse kritische Masse erreicht, wird es für allgemeingültiges Deutsch erklärt und ins sprachliche Regelwerk aufgenommen. Dagegen ist kein Kraut gewachsen, noch nicht einmal „Un-Kraut".

So freuen sich auch alle weiterhin „tierisch" ohne zu sagen, welches Tier sie meinen. Ich kann mir nicht vorstellen, wie es ist, sich „tierisch" zu freuen. Frage: Wie freut sich eigentlich ein Regenwurm? Und es stellt mich nicht zufrieden, wenn auch diese Sprechidioten keine Ahnung davon haben, was sie da so zurechtquatschen. Gemeint ist nur immer, dass sie sich „sehr" freuen, was aber mit „tierisch" gar nichts zu tun hat, sondern „in hohem Maße" bedeutet. Viele freuen sich auch „wahnsinnig". Sie sollten das mal erklären. Freuen sie sich so sehr, dass sie „wahnsinnig" werden? Das wollen sie bestimmt nicht. Oder meinen sie, sich wie ein „Wahnsinniger" zu freuen. Aber auch damit ist nichts gesagt, denn ganz sicher freut sich jeder Wahnsinnige anders. Also müssten die Sprach-Wahnsinnigen schon konkret sagen, wen sie genau meinen, wem sie mit ihrem „sich freuen" nacheifern. Und wenn sie Spaß haben (oder sogar Spass), dann haben sie oft „furchtbar" viel davon.

Der Doktor-„Titel". So etwas gibt es gar nicht, dennoch sind die Medien und das tägliche Sprechgewusel voll davon. Es gibt nur einen Doktor-Grad. Dieser muss akademisch (wissenschaftlich) erarbeitet werden. Ein Doktor hat also eine Doktor-Arbeit angefertigt und verteidigt (Dissertation). Diese wird bewertet und (wenn positiv) der Doktor-Grad erteilt. Das ist dann die Bescheinigung der Fähigkeit zu selbstständigem wissenschaftlichen Arbeiten.

Hingegen wird ein Titel lediglich verliehen. Professor ist zum Beispiel so ein Titel, nämlich die Bezeichnung eines Amtes, vergleichbar mit „Bereichsleiter" oder „Abteilungsleiter" in der Wirtschaft. Als ein Professor wird jemand ernannt (berufen). Weder „Doktor" (Dr.) noch „Professor" (Prof.) werden zum Namensbestandteil, sondern es wird das Recht gewährt, den akademischen Grad bzw. Titel in den Personalausweis eintragen zu lassen.

Die deutsche Verfassung. Deutschland hat gar keine Verfassung und ist daher kein Verfassungsstaat. In Deutschland gibt es als grundlegendes Verhaltenswerk das Grundgesetz. Deutschland ist ein Grundgesetzstaat. Eine Verfassung würde in der Bevölkerung beraten und in einem Referendum von ihr bestätigt werden. So zu argumentieren, als sei das Grundgesetz die Verfassung, ist Irreführung. Zum Zeitpunkt seiner Ausarbeitung (1948) durfte weder von (west-)deutscher noch (west-)alliierter Seite eine Verfassung entstehen; denn die „Deutsche Frage" sollte offenbleiben. So entstand das „Grundgesetz" als Provisorium bis zur Erreichung einer deutschen Einheit. Die Bevölkerung war an seiner Ausarbeitung nicht beteiligt. Wie kann geschlussfolgert werden? Das Provisorium gilt noch, weil die „Deutsche Frage" noch immer offen ist? Uns reicht ein Provisorium auch für „gut"? Bis der Systemzerfall auch Deutschland mit aller Wucht erreicht hat, lohnt sich keine „richtige" Verfassung mehr? Oder haben die System-Protagonisten einfach nur Schiss vor solchem Referendum?

Besatzer? „Deutschland aus der NATO zu reißen, wäre ein schwerer Fehler gewesen. Es hätte das Ende der Allianz bedeutet, des wichtigsten Vehikels für amerikanischen Einfluss in Europa" (Condoleezza Rice, in: Spiegel 36/2010). Abgesehen davon, dass mit „amerikanischen Einfluss" auf die übliche arrogante, überhebliche Weise allein der USA-Einfluss und nicht etwa der von Peru, Chile, Mexiko... (als ebenso amerikanische Staaten) gemeint ist, kann man nur noch sehr selten solche Wahrheiten lesen. Bereits 2007 zitierte Peter Scholl-Latour: Die NATO sei „eine sich selbst finanzierende Fremdenlegion der USA in Europa" und bespie „die Unterwürfigkeit gegenüber den USA" als verheerend. Zur Ergänzung noch ein paar Angaben: Die USA halten derzeit große Teile der Welt militärisch besetzt. Dazu verfügen sie über etwa 1.000 Militärbasen außerhalb ihres Territoriums. In Europa sind etwa 63.000 US-Soldaten stationiert (darunter in Deutschland: mind. 35.800; Italien: 11.800; Großbritannien: 12.000). In Ostasien agieren etwa 75.000 US-Soldaten (darunter in Japan: 33.500; Südkorea: 29.000; auf See: ca. 11.000). In Nordafrika, im Nahen Osten und in Südasien ist *außerhalb der Kampfeinsätze* ein Kontingent von weiteren 5.500 Soldaten in 24 Ländern stationiert. Hervorzuheben sind dabei 1.350 Soldaten in Bahrain und 2.500 auf See. Südlich der Sahara sind 1.700 Soldaten stationiert, davon 1400 in Dschibuti. Auf den beiden amerikanischen Teil-Kontinenten sind außerhalb der Vereinigten Staaten 2.100 Soldaten stationiert, davon 950 in Guantanamo auf Kuba und 400 in Honduras.

Bleiben wir aber in Deutschland. Es ist, wie man leicht sehen kann, nach wie vor ein militärisch besetztes Land. Und nicht nur das, sondern wir selbst bezahlen auch noch   diese Scheiße (US-Einfluss in Europa). In 10 Jahren mindestens 1 Mrd. €. Es reicht uns nicht, dass wir uns vor Freude bepissen, wenn wir von unseren „Herrchen" mit Sprachquark traktiert werden, sondern wir freuen uns auch, dass wir „unseren amerikanischen Freunden" unterwürfig bei ihren Kriegsspielen mit Millionen und Abermillionen

Euro behilflich sein dürfen; die paar Atomwaffen in Büchel sind doch nicht der Rede wert. So machen wir uns nicht nur Tag für Tag allein zu Sprach-Versagern; auch unsere Knechtsgefühle wachsen enorm, wenn auch sonst nichts mehr wächst.

„Unsere Atomkraftwerke sind sicher". Natürlich! Bis... Warum sagen die Planer, Entwickler, Betreiber, Politiker und Befürworter dieses technischen Fehlweges den Menschen nicht bereits vor oder spätestens in der Planungsphase, dass, wenn etwas schiefgeht (und bei jeglicher Technik ist das gesetzmäßig und daher nicht vermeidbar), folgendes passiert: Die Bevölkerung muss für die materiellen Schäden bezahlen. Millionen Menschen müssten ihre Heimat verlassen und für lange Zeit in Notunterkünften kampieren. Alle durch Strahlung konterminierten Lebensmittel müssten in Atommülllagern entsorgt werden. Bei einem schweren GAU in Deutschland könnten fünf bis sechs Bundesländer komplett radioaktiv verseucht werden. Unvermeidlich würden verseuchte Produkte in den Handel gelangen. Es würden aus Kostengründen verseuchte Lebensmittel den normalen beigemischt werden. Es würden hunderte „wilde" Abfallhalden während der ersten Aufräumarbeiten angelegt werden. Die meiste Radioaktivität würde von den Menschen durch die Nahrungsmittel aufgenommen werden. Da die Krankheitsbilder sehr komplex wären, sind konkrete Opferzahlen kaum zu benennen, zumal auch die jeweilige soziale Situation der betroffenen Menschen und vieles andere einzukalkulieren sind. Millionen Kubikmeter radioaktives Material wird man aus Kostengründen und akuter Angst zunächst oberflächennah vergraben und damit langfristig das Grundwasser verseuchen. Es wird hunderte Tausend Krebsfälle geben, von denen bis zur Hälfte tödlich verlaufen. Die Krebsrate der Bevölkerung wird bis zu 40 Prozent betragen. Noch umfangreicher wird das Sterben derer, die besonders nah am Ereignisort waren durch Blutgerinnsel und andere Leiden der Blutzirkulation. Bei vielen

Menschen wird eine Immunschwäche verursacht, was zu Infektionskrankheiten, Entzündungen und schlechter Wundheilung führt. Ebenso häufig wird das Knochenmark sehr beschädigt. Es werden Krankenbilder erscheinen wie Sehstörungen, Schilddrüsenvergrößerung, Schilddrüsenunterfunktion, schwere nicht beherrschbare Infektionskrankheiten, Haut- und Schleimhautentzündungen, Allergien, Nasenbluten, Schwindel, rasche Ermüdbarkeit, Blutarmut, Leukämien, Hautkrebs, Schilddrüsenkrebs (bei Kindern und Jugendlichen bis zu 200 Mal häufiger als normal). Weiter treten Gelenkschmerzen, Konzentrationsschwierigkeiten, Entzündungen der Atemwege und Verminderung der Fortpflanzungsfähigkeit auf. Es kommt zu vorzeitiger Alterung und psychischen Erkrankungen. Es werden zehntausende Kinder mit genetischen Schäden geboren werden. Viele Föten werden bereits im Frühstadium der Schwangerschaft sterben. Man wird die Zunahme von Jugenddiabetes und Herzrhythmusstörungen sehen. In den verstrahlten Regionen wird sich bereits bei niedrigen Strahlungsdosen die Gesundheit erheblich verschlechtern, denn das körpereigene Reparatursystem der Zellen wird erst bei höheren Strahlungsdosen aktiv. Bei niedrigen Dosen funktioniert dieses System nicht.

All das habe ich mir nicht ausgedacht, sondern wir können es bereits sehr anschaulich in Tschernobyl, Fukushima und anderen Orten sehen, in denen Atom-Unfälle stattfanden. Würden wir alle Entwicklungen von ihrem Ende her denken (statt aus der Profitsicht und der der Macht) und alles kommunizieren, hätte diese irre Technologie der Atom-Kraftwerke gar nicht entstehen können.

Und dann erst die Atomwaffen! Jedem sollten die japanischen Städte Hiroshima und Nagasaki mit dem was dort geschah bekannt sein. Unser Denken ist bereits so degeneriert, dass wir zu ablehnenden Gedanken, nicht zu sprechen von Taten, gar nicht mehr imstande sind. Wir reden uns beschönigend ein, dass das alles gar nicht so schlimm ist; bisher ist doch hier auch nichts passiert. Aber das ist nur eine Frage der Zeit.

Mit dem Wort „Atom-Endlager" versuchen die Protagonisten uns ruhigzustellen. Gemeint ist ein „sicheres" Lager, in dem der in den Atom-Kraftwerken produzierte Atom-Müll für uns Menschen vermeintlich sicher gelagert werden soll. Hier sprechen wir von Lagerzeiten, die von mehreren hundert Tausend Jahren bis ein paar Milliarden Jahre reichen; also etwa so lange, wie es die Erde überhaupt noch gibt; also für immer! Schauen wir uns jedoch unsere Erde einmal an, kann es so ein „sicheres" Endlager auf ihr aber nirgends geben. Wenn wir in diesem Sinne „Erde" sagen, meinen wir das sogenannte Festland. Sogenannt deshalb, weil es das auf der Erde gar nicht gibt. Wir leben auf tektonischen Erdplatten (Erdkruste). Das heißt, diese Platten schwimmen gewissermaßen auf dem darunterliegenden flüssigen Teil der Erdkugel. Die Platten nähern sich einander oder entfernen sich voneinander. Dabei entstehen ununterbrochen Reibungen, Zusammenstöße, Spaltungen, Hebungen, Senkungen... mit denen ungeheure Energien freiwerden, wie uns die dauernden Erdbeben und immer wieder ausbrechende Vulkane rund um den Globus anschaulich zeigen. Was heute noch Meeresboden ist, kann in Millionen Jahren Teil eines Gebirges an anderer Stelle sein. Insofern von einem Endlager zu sprechen, ist schlicht Dummheit, denn jeder beliebige Ort auf der Erde ist von solchen tektonischen Bewegungen ständig betroffen. Der Eine mehr, die Anderen weniger. So bleibt zum Wort „Endlager" nur zu sagen, dass ein Ort für die Lagerung des Millionen und Milliarden Jahre strahlenden Atom-Mülls vielleicht für 100 Jahre gefunden werden könnte. Es wäre entscheidend, dass der gesamte lagernde Müll jederzeit für eine notwendig werdende Aus- und Umlagerung erreichbar sein muss. Die uns folgenden Generationen haben dann unser Problem an ihrer Backe und müssen jeweils für sich und ihre Nachkommen entscheiden, wie und wo sie diesen Müll wieder vielleicht für 100 Jahre lagern. Das heute sichtbare wahrscheinliche Grundprinzip ist wohl auch dann immer die praktische Erreichbarkeit dieser Exkremente kollektiven, menschlichen Wahns.

Bleiben wir noch ein wenig bei diesem Wahn: Sehr beliebt bei den gewalttätigsten Kriegsmächten (USA, NATO, Russland…und über 20 weitere Länder) ist die Herstellung und Anwendung von sogenanntem abgereicherten Uran als Munition. Wie kann es anders sein, dass auch diese mit englischer Bezeichnung daherkommt (DU/Depleted Uranium). Das entsteht als Nebenprodukt bei der Urananreicherung von Brennelementen für Atom-Kraftwerke und wird sowohl als panzer- und bunkerbrechende Waffe eingesetzt als auch zur Vernichtung „weicher" Ziele, also zur ganz gewöhnlichen Ermordung von Menschen. Die Dichte von Uran liegt über 70 Prozent höher als die von Blei und das enthaltene Uran-238 verleiht dem Geschoss ein hohes Gewicht und damit eine hohe Durchschlagskraft. Trifft das Geschoss, setzt es eine brennende Dunstwolke frei, die zugleich giftig und radioaktiv ist. Die eingeatmeten Uranoxidpartikel lösen sich in der Lunge auf und gelangen ins Blut und Gewebe. Über Wunden dringt die Substanz ebenfalls in den Körper ein. Daraus entstehen Tumore, Leukämie und andere Krebserkrankungen, sowie eine massive Schwächung des Immunsystems und Missbildungen durch Genmutationen, die über viele Generationen vererbt werden. Dieses Uran strahlt praktisch ewig mit all den weiter oben bereits genannten Krankheits- und Tötungsfolgen.

Für uns bleibt nur zu fragen, wie hirnkrank die Macher dieses Tötens sein müssen und wie lange wir uns das noch gefallen lassen.

Das Deutsche und „die Ausländer"

Wir nennen sie Deutsch-Türken, Deutsch-Marokkaner, Deutsch-Russen... Denn für uns sind sie keine Deutschen, sondern Türken, Marokkaner, Russen... Rein sprachlich ist es so, dass die Wörter Türken... das Subjekt sind und das Wort Deutsch lediglich die Beifügung zum Subjekt (Attribut). Egal wie lange die aus einem anderen Land zu uns gekommenen Menschen hier mit uns bereits leben, arbeiten, Freunde haben – 5, 10, 20 oder noch mehr Jahre – für uns bleiben sie Ausländer: das meint Fremde, hier nicht Erwünschte. Mit unserer Sprache bringen wir das sehr deutlich zum Ausdruck. Wie selbstverständlich meinen wir so auch die hier geborenen Kinder der „Türkisch-Deutschen", „Marokkanisch-Deutschen", „Russisch-Deutschen"..., die außer Deutsch keine andere Sprache mehr haben und sogar auch noch deren Kinder. Allein die Tatsache, dass wir dem Wort „Deutsch" noch hinzufügen, wo diese Menschen ihren familiären Ursprung haben, diskriminiert diese, grenzt uns zu ihnen ab, schließt sie aus und will sie eigentlich wieder loswerden.

Mein Vater musste in der Zeit des deutschen Nationalsozialismus einen sogenannten Arier-Nachweis führen, also nachweisen, dass er und somit seine Familie wirklich Deutsch sind, also zur Herrenrasse gehören. Daher weiß ich, dass meine Vorfahren väterlicherseits vor mehreren hundert Jahren aus dem Gebiet hierherkamen, das heute Griechenland ist. Damals gab es Deutschland noch gar nicht. Ebenso weiß ich, dass es heute, wenn überhaupt, nur noch ganz, ganz, ganz wenige gibt, deren frühe Vorfahren bereits in dem Gebiet lebten, das wir heute Deutschland nennen.

Das heißt, wir alle sind „nur" zugewandert; die Einen etwas früher, die Anderen etwas später. Worin besteht also das Problem, das wir jetzt mit „den Ausländern" haben? Weil wir in dieser Gesellschaft alle Konkurrenz-Subjekte sind, handelt es sich ausschließlich um eine Art Futterneid. Das Problem besteht darin, dass unser System, nämlich der Kapitalismus, an seiner absoluten inneren Schranke angekommen ist. Nicht 2016 oder 2015, sondern bereits seit etwa Ende der 70er Jahre. Er kann sich nicht mehr entwickeln. Das globalisierte Kapital ist mit der Dritten industriellen Revolution der Mikroelektronik so rationell geworden, dass es weltweit seine eigene Grundbedingung, die „Arbeit" und damit sich selbst abschafft. Aber nur menschliche „Arbeit" kann Mehrwert (Profit) erzeugen. Verschwindet die „Arbeit", verschwindet notwendigerweise auch der Mehrwert und damit der Kapitalismus, denn ihm kommt es allein auf den Mehrwert an, aus Geld also mehr Geld zu machen. Und genau das geschieht jetzt vor unseren Augen. Alles was wir erleben und uns in den Medien gezeigt wird, sind nichts als die Zerfallserscheinungen des Kapitalismus, sein Weg in die Barbarei. Die Krux besteht darin, dass das System zwar zerfällt, dabei aber keine neue Gesellschaft kreiert, sondern nur seinen Gewaltkern offenbar werden lässt und überhaupt nur lassen kann. Bereits drei Viertel der heutigen Menschheit können kapitalistisch nicht mehr durch „Arbeit" vernutzt werden und zählen zu den kapitalistisch Überflüssigen. Sie streiten sich um die kapitalistischen Reste, fallen plündernd und mordend über einander her; der allgemeine Konkurrenzkampf verschärft sich, Bürgerkriege nehmen zu, Staaten zerfallen, Politik kann ohne Staat nichts mehr bewirken, die Menschen flüchten vor Hunger und Krieg und überschwemmen die letzten kapitalistischen Inseln in der Hoffnung auf ein ganz normales Leben ohne Bomben, Drohnen und Gemetzel. Das ist aber kapitalistisch nicht mehr möglich, denn auch auf diesen „Wohlstands"-Inseln schrumpft der Wohlstand spürbar und so wehren wir uns mit Händen und Füßen, manchmal auch mit Messern und Schusswaffen und immer öfter durch Brandstiftung, um ja keinen „Ausländer" mit aus unserem doitschen Topf essen zu lassen.

Kurioses, Nachdenkenswertes und sogar manche Weisheit

„Bei uns ist der Wohlstand *ausgebrochen*". Na ja, und wenn er erst einmal ausgebrochen ist, fangen wir ihn auch nicht mehr so leicht wieder ein.

Bereits Arthur Schopenhauer hatte für Journalisten nur das Wort *Tagelöhner* übrig.

Und auch Rosa Luxemburg sah in der *Herrschaft über die Köpfe* „ein Zusammenspiel von Kirche, Staat, Militär und veröffentlichter Meinung".

„*Siegen* macht dumm. Nur Niederlagen geben zu denken, weil sie am Weitermachen hindern". So ist Unzufriedenheit mit Zuständen oder einem Zustand oft Auslöser für Entwicklung.

„Wer das *Geld* hat, hat die *Macht* und wer die Macht hat, hat das *Recht*" (eine leider viel zu oft vergessene „Volksweisheit".

„Geld, du bist ein Messer, das die Menschen tötet ohne Blut" (Chinesisches Sprichwort).

Trau, vertrau nicht dem, der sich die Haare über die Glatze kämmt (meinte mein Vater etwa 1956).

„Man kann einen Teil des Volkes die ganze Zeit über täuschen und das ganze Volk für eine Weile, aber man kann niemals das ganze Volk die ganze Zeit täuschen" (Abraham Lincoln).

„Aber, wenn man das Alter wirklich genießen will, soll man auch das Wissen, das man hat, genießen" (Clint Eastwood).

„Sie müssen sich darunter etwas vorstellen, was man sich gar nicht vorstellen kann" (mein Physik-Dozent, 1959).

Seit dem Ende des zweiten Weltkrieges bilden wir im deutschen Sprachgebiet ganz fundamental eine Grenze unseres Sprechwillens. Nach Westen hin verenglischen wir möglichst alles; nach Osten verdeutschen wir (Memel, Böhmen, Mähren, Schlesien, Moskau, Spindlersmühle, Pressburg, Laibach, Kischinau...). Während wir uns dem US-amerikanischen Westen buckelnd unterwerfen, fühlen wir uns „dem Osten" gegenüber noch immer als die überlegenen Menschen. Und genau diese Denkweise soll mit solcher Sprachvermittlung transportiert werden.

„Gebildet zu sein, ist die einzige Möglichkeit, frei zu sein" (José Marti).

„Die Ruhe ist eine liebenswürdige Frau und wohnt in der Nähe der Weisheit" (Epicharm, 550-460 v.u.Z., ein griechischer Arzt und Lustspielautor).

Wozu brauchen wir ein Grab, um trauern zu können?

In vielen Wörtern gibt es bestimmte Buchstaben, die sie erst unverwechselbar machen: „schweißen", „lieben", „schmerzhaft", „stricken", „Schwein", „Stein", „Schwimmer"...

„Wenn nur noch Geld zählt, verblödet die Gesellschaft" (Norbert Blüm). Recht hat er, wie wir täglich sehen, hören und lesen.

Früher – freute man sich auf Post im Briefkasten. Heute hat man Angst vor ihr (Finanzamt, Gerichte, Rechnungen, Polizeipräsident, Werbung, Gerichtsvollzieher...).

„Der Papst feierte eine Messe". Das wird dann gesagt, wenn der Papst einen langweiligen Text von einem Blatt Papier ablas.

„Sterbliche Überreste". Das ist Schwachsinn, denn die Überreste sind bereits tot, also nicht mehr sterblich.

„Heimat, das ist dort, wo die Rechnungen eintreffen" (Heiner Müller).

„Nur unfehlbare Strohköpfe ändern ihre Ansichten nicht" (Honoré de Balzac).

Kunst konnten die Menschen erst dann hervorbringen, als es ihnen gelang, wenigstens zu einem geringen Teil aus der Hektik ihres Lebensalltags auszusteigen. So war der Homo sapiens der Steinzeit bereits ein Künstler.

„Dschihad". Dschihad, dieses medial oft drohend verbreitete Wort, entspricht fast vollständig der Bedeutung des chinesischen „Kung Fu". Beides meint die Bereitschaft, alle Kräfte anzustrengen, um für etwas zu kämpfen. Während „Kung Fu" in allen Medien durchgängig positiv gedacht wird, wie uns zahlreiche Filme in Kino und TV immer wieder zeigen, wird „Dschihad" von den gleichen Medien ausnahmslos negativ besetzt („dschihadistische Milizen"). Warum? Aus Machtinteresse und Gegnerschaft.

„Gib den Menschen was zu tun, sonst wissen sie nicht mehr was sie tun" (sagte schon mein Großvater).

Mit dem *„Reisen"* bekommen die Menschen „was zu tun". Warum reisen wir? Wir tun es nicht, um irgendwo anzukommen, sondern um uns selber zu entkommen. Wir schaffen uns ab aus dem was wir uns geschaffen haben, was uns bedrückt, krankmacht, erdrückt und fast ersticken lässt. Aus diesem Ungenügend reisen wir in alle Welt, besuchen Themenstädte, Themenparks, Eventzentren oder Entertainment-Lokäischens. So brechen wir auf von Flughäfen oder Bahnhöfen, die denen am Ankunftsort zum Verwechseln ähneln. Wir sehen Innen-Städte, die sich wie ein Ei dem anderen gleichen. Wir übernachten in Hotels (Bettenschließfächer), deren Zimmer auf der ganzen Welt nahezu gleich aussehen. „Heute überfliegt der Reisende in vier Stunden zwei Kriege, drei Umweltkatastrophen und einen Völkermord und nimmt die Bruchstellen unserer Zeit kaum wahr" (H.-D. Schütt). Ziel erreicht.

Leberkäse (Bayern) gibt es gar nicht. Das Erzeugnis mit dieser Bezeichnung besteht weder aus Leber, noch aus Käse, sondern aus

Schweinefleisch, Salz, Pfeffer, Muskat, Majoran und 26 Prozent Fett. Die Bezeichnung kommt von „Laib"Kas, einer Kastenform zum Backen.

Der gute „Rutsch" ins Neue Jahr hat mit einem vermeintlichen Hineinrutschen gar nichts zu tun. Er geht auf das hebräische Wort „rosch" zurück, was „Anfang" bedeutet, also den Beginn des Neuen Jahres.

In Zeiten, in denen Täuschung und Lüge alltäglich sind, ist das Aussprechen der Wahrheit ein revolutionärer Akt.

Statistik. „Die Statistik ist wie ein Bikini, sie zeigt viel und verdeckt das Wesentliche", „Wie wird das Wort >Lüge< gesteigert? Lüge, Zeitung, Statistik" (alte DDR-Witze).

„Der edle Mensch ist *würdevoll*, ohne *überheblich* zu sein; der niedrig Gesinnte ist überheblich, ohne würdevoll zu sein" (Konfuzius).

„Frau sucht ihn zum *Pferdestehlen* und mehr" (Kontaktanzeige). Klar, nur Pferde werden am Ende nicht reichen, es sollen bestimmt auch noch Schweine, Kühe... gestohlen werden. Gemeint ist mit dem Pferdestehlen lediglich, dass man gemeinsam alles, selbst einen Diebstahl oder Schlimmeres begehen möchte.

„*Gastgeber*". Ist das Gegenteil hiervon „Gastnehmer"? Das wäre dann aber wohl eher „Jack the ripper".

„*Glück*". Obwohl es uns so wichtig ist, hat es keine Mehrzahl.

„Millennium". Bereits Ende 1999 feierten die Menschen überall auf der Welt die Jahrtausendwende und schickten so das gesamte Jahr 2000 in die Versenkung, obwohl es natürlich zum erst noch zu beendenden Jahrtausend gehörte. Wer sich gegen diesen absoluten Blödsinn wandte, wurde schlicht für dumm oder verrückt gehalten. Warum war das so? Weil sich nahezu alle von an solchen Feierlichkeiten profitierenden Industrien bereitwillig manipulieren ließen. Das ist es, was die heutigen Menschen mehrheitlich kennzeichnet: Eine nahezu allgemeine Manipulierbarkeit. Es kann ihnen der größte Schwachsinn als „Wahrheit" serviert werden; und sie glauben diese Lügen. Das eigene (kritische) Denken wurde ihnen schon soweit herausoperiert; dass sie sich freiwillig am Nasenring (oftmals sogar wörtlich) überallhin führen lassen wie die Ochsen. Die Zeit der Rattenfänger ist wieder.

„Fressen und Saufen". Tiere fressen und saufen und zwar mit der Schnauze, dem Maul, einem Schnabel... Menschen essen und trinken – mit dem Mund. Tiere haben keinen Mund, obwohl uns die Medien beständig das Gegenteil verkünden. Lassen wir das nicht mit uns machen!

„Ein ärmelloses T-Shirt". Gibt es gar nicht, denn erst die Ärmel machen das „T".

Das Wort *„Dick"* wird im Deutschen nicht gerne verwendet. Es klingt unhöflich, jemanden dick zu nennen. Lieber sagen wir „fraulich" (warum sagen wir nicht „männlich", wenn wir einen Mann mit speckfaltigem Hänge-Bauch, einer Fettbrust und einem Doppelkinn meinen?), „griffig", „vollschlank", „feminin" (was ja lediglich „weiblich" heißt und nicht „weiblich und dick"), „stärker gebaut", „Kuschelfigur" „Rubensfrau"... Wichtig ist uns, die Wahrheit zu beschönigen und verhüllend zu umschreiben. Damit sind wir stets dicht an der Lüge. Und das ist auch gut so, denn viele Menschen fühlten sich in ihrer Würde verletzt, wenn wir sie offen und respektlos kritisierten. Kurios ist, sie wissen selbst, dass sie dick sind, wollen es aber keinesfalls gesagt bekommen; lieber lassen sie sich bewusst anlügen.

„Sie haben nicht die Wahrheit gesagt"/ „Sie sagen nicht die Wahrheit". Das ist viel „weicher" als „Sie haben gelogen", „Sie lügen" oder gar „Sie sind ein Lügner". Der Trick besteht darin, dass in den ersten beiden Sätzen das positiv besetzte Wort „Wahrheit" überhaupt steht.

„Der >Volkstrauertag< ist das Erntedankfest der Rüstungsindustrie" (F.-M. Barwasser alias Erwin Pelzig).

„Für *Börsenspekulationen* ist der Februar einer der gefährlichsten Monate. Die anderen sind Juli, Januar, September, April, November, Mai, März, Juni, Dezember, August und Oktober" (Mark Twain).

„*Kniefall*". So genannt zum Beispiel das Knien des damaligen Kanzlers Willy Brandt vor einem Denkmal in Warschau 1970. Es war aber gar kein Fall, denn er fiel nicht, sondern kniete. Das ist allgemein so, wenn von einem Kniefall gesprochen wird. Wenn jemand aufs Knie fällt, gibt es oft aber sogar einen komplizierten Bruch.

Es gebe „nichts Stilleres als eine geladene Kanone" (Heinrich Heine).

„Pussy riot" (Pussi ráiät). So nannte sich eine russische Frauen-gruppe, die singend und grölend ihren Widerstand gegen das „Pu-tin-Regime" ausdrückte und dafür ins Gefängnis gesperrt wurde. Beide Wörter dieses Begriffs stammen aus dem Englischen und bedeuten dort wie im Deutschen Fotzen-Krawall. Eine deutsche Komikerin macht das begrifflich nach und nennt ihr Bühnen-Pro-gramm „Pussy Terror" (also Fotzen-Terror, was immer das bedeu-ten soll, denn es reduziert eine Frau/die Frauen auf ihr Ge-schlechtsteil; was zutiefst entwürdigend ist). Ihgitt, wie können wir nur Fotze sagen? Lieber holen wir uns aus dem Englischen die „Pussy"; klingt irgendwie sprechbarer. „Fotze" wird hingegen als „vulgär" empfunden; wir schämen uns gewissermaßen unserer eigenen Sprache. Warum eigentlich? Denn „Fotze" gab es in un-serem Sprachraum wohl schon am Beginn der Zeitrechnung, spä-testens allerdings ab dem 7. Jahrhundert. Gesprochen wurde es damals, wie im gesamten Mittelalter, von der Masse des Volkes. Schriftlich erwähnt wurde es erstmals bei Kilian (etwa um 640 u.Z.), dem heiligen Kilian, mit den Eintragungen: *fotte* „cunnus" und *fotse* „villus" . Wer Lust verspürt, kann sich in Würzburg noch Holzfiguren von Kilian und seinen Begleitern Kolonat und Totnan anschauen.

Die Sprach-„Wissenschaftler" nennen die Volkssprache „vulgär" und meinen das durchaus abwertend. So soll uns eingetrichtert werden, dass wir uns gefälligst der sogenannten „Bildungs"-Spra-che zu befleißigen hätten, die die (vulgäre) Volkssprache von oben herab als derb und gewöhnlich bezeichnet und als absto-ßend empfindet. Grundsätzlich bedeutet das Wort vulgär bloß *schlicht* (nach dem französischen Wort *vulgaire* = gewöhnlich, was aus dem lateinischen *vulgus/volgus* = Volk abgeleitet wurde); somit auch „das Gewöhnliche", „das dem einfachen Volk (als Gegensatz zum Adel) Entstammende". So kann es uns niemals schaden, gegenüber der Wissenschaft und erst recht gegenüber der „Wissenschaft" skeptisch zu bleiben, zu sein, zu werden. Im Gegenteil: Unsere Art lebte noch heute auf Bäumen, hätte sie keine Skeptiker hervorgebracht.

„Der Präsident der USA singt immer das Lied seiner größten Wahlkampf-Spender". (Joseph Gerson, US-Friedensbewegung).

Herrschaft und *Knechtschaft* bedingen einander; sie sind die zwei Seiten einer Medaille. Verschwindet die eine Seite (egal welche), gibt es auch die andere nicht mehr.

Fuhrleutedialog: „Hat keena keen' Schwamm nich? Nee, hahm' duhn ha'ick keen', aber kriejen kannet sind, dettick een' duh" (Heinrich Zille).

Mehr über Mundarten möchte ich nicht darstellen. Sie sind Ausdruck der Vielfalt unserer deutschen Sprache und wir sollten sie hegen und pflegen und uns darüber freuen. Das schließt aber zugleich ein, dass wir uns insgesamt im Rahmen unserer übergreifenden sozialen Kommunikation des Hochdeutschen und seiner Regeln befleißigen. Teile der einen Mundart irgendeiner anderen überstülpen zu wollen, wie das derzeit in unserem deutschen Sprachraum ständig geschieht, bedeutet letztlich einer Herrschsucht zu frönen. Das hat mit hegen und pflegen nichts zu tun und sollte abgelehnt werden.

EU und Europa/Amerika. Ohne Unterlass wird uns beständig in allen Medien erklärt, dass die „EU" „Europa" sei. Eine Begründung findet sich dafür nirgends. Zur EU gehören weder alle Länder Europas, noch umfasst also die EU die gesamte europäische Fläche. Wer folglich meint, dass zum Beispiel Russland nicht zu „Europa" gehört, hat einfach nur eine Klatsche. Sagte er „EU", hätte er natürlich Recht. Ebenso sieht es mit „Amerika" aus. Wer auf der Erde dieses Wort heutzutage spricht, meint nahezu immer lediglich die USA. Dass Amerika ein Kontinent und kein Land ist, sogar ein doppelter, spielt für diese Sprachhirnis absolut keine Rolle.

Die Menschen in den USA verstehen sich als „wir Amerikaner" und haben es tatsächlich geschafft, dass die Menschen der ganzen Welt von Amerika sprechen und dabei lediglich die USA meinen. Das heißt, die Protagonisten und Apparate dieses Landes haben uns regelrecht verdummt und wir haben das (unbewusst, jedoch in der Manier der in diesem Buch an anderer Stelle genannten unterwürfigen Pinkel-Welpen) mit uns machen lassen. Das Ergebnis ist, dass, wann immer jemand irgendwo auf dem Globus von Amerika spricht, nahezu immer lediglich die USA gemeint sind. Amerika ist allerdings wie gesagt kein Land, sondern ein Kontinent. Es gibt derzeit 35 amerikanische Länder. Und natürlich sind alle in diesen Ländern lebenden Menschen Amerikaner. Jeder, der Amerika sagt, wenn er von den USA spricht, diskriminiert damit stets zugleich die Bewohner von 34 weiteren amerikanischen Ländern, indem er sie aus Amerika ausschließt. Diese Diskriminierung funktioniert sogar wie eine Selbstunterwerfung. In Kanada, dem Nachbarland der USA, kann man zum Beispiel sagen hören: „Wir Kanadier verschließen unsere Häuser kaum, die Amerikaner hingegen (gemeint sind auch hier nur die Bewohner der USA) verbarrikadieren sich regelrecht". So sehen sich Kanadier also als Nicht-Amerikaner. Warum stellen sie sich so dumm? Was wurde ihnen angetan? Wurden sie unter Drogen gesetzt? Der frühere Präsident Venezuelas, Hugo Chávez, meinte: „Wenn ich

Amerikaner wäre, würde ich für Obama stimmen". Wie könnte derartige Selbstverblödung noch gesteigert werden? Venezolaner sind also keine Amerikaner? Und Argentinier? Und Brasilianer? Diese Dummheit grassiert weltweit. Wer z.b. im Internet die Einwohner Amerikas sucht, kann lange suchen, angezeigt werden überwiegend Angaben zu den USA. Beenden wir unsere Selbstverdummung. Amerika ist kein Land, sondern der Kontinent. USA heißt United States of America (Vereinigte Staaten von Amerika). Allein dieses „von" verweist vernünftigerweise darauf, dass es sich lediglich um einen Teil dieses Kontinents handelt, groß genug, um klar als solcher Teil erkannt und beachtet zu werden; nicht groß genug jedoch, um seine Außenwelt beständig als „Rest der Welt", also als Rückstand zu diffamieren. Wer also diese Amerika-Sprachscheiße von sich gibt – und das ist heute die absolute Mehrheit der Erdbevölkerung – unterwirft sich (meist unbewusst) freiwillig den nordamerikanischen Sprachimperialisten. These: Solange das so ist, wird es Kriege geben. 1776 wurden die USA gegründet. Sie existieren somit 240 Jahre. In dieser Zeit befanden sie sich 223 Jahre im Krieg mit anderen Ländern.

Sprache (Wörter, Worte) sind Gedanken, nämlich deren Wirklichkeit. Sprechen ist *denken*. Wo Sprache schlecht gesprochen wird, geht Bedeutung verloren. Aber welch einen Ausdrucksreichtum finden wir in unserer schönen deutschen Sprache!

Wann ist *„Kleinkunst"* Kleinkunst? Ist es nicht eher so, dass „Kleinkunst" mehr Großkunst sein kann als manche „Großkunst?

„In unserer durch Bilder geprägten Welt scheinen vielen Jugendlichen die Worte zu fehlen".

„Sprache macht Denken; politische Diskurse verstehen und führen" (Buch von Denkwerk Demokratie Frankfurt am Main, 2013).

„Die Sprache ist dem Menschen gegeben, um seine Gedanken zu verschleiern" (Talleyrand, französischer Diplomat).

„Die Filmkunst spekuliert auf die niedrigsten Leidenschaften, die brutalsten Instinkte, um ein unerzogenes, sensationslüsternes, ein übersättigtes und die stärkste Aufpeitschung der Nerven verlangendes Publikum zu locken und die Lichtspielhäuser zu füllen" (Clara Zetkin).

Zu den *Werkzeugen des Denkens* gehört die Sprache, also die Wörter und ihre Benutzungsregeln und damit auch die sprachliche Nuancierungsfähigkeit.

„Wegen vieler Kampagnen gegen mich war ich oft kurz davor, das Land zu verlassen. Was mich abgehalten hat, war die deutsche Sprache" (Günter Grass, 2010).

Wahrscheinlich hast Du bisher bereits manches entdeckt, worüber nachzudenken und auch zu streiten sinnvoll ist. Nun möchte ich Dir zeigen, wie sich unsere Sprache normal entwickelt und wie gedankenlos wir unsere Sprache verhunzen.

Sprachentwicklung

Ich mag die englische Sprache sehr, gerade auch in ihrer US-amerikanischen Prägung, gewissermaßen mit einer heißen Pellkartoffel im Mund gesprochen. Und wir sollten alle so gut es geht Englisch lernen, um uns mit unseren Freunden im englischen Sprachraum gut verständigen zu können. Jedoch diesen geballten Unfug, in unsere deutsche Sprache mehr und mehr Anglizismen ohne nachzudenken und abzuwägen einzuschleusen, sollten wir bleiben lassen, denn es macht sie nicht besser. Mit unserer Sprache haben wir die Möglichkeit, sowohl hochdifferenzierte wie auch hochkomplexe Dinge und Vorgänge sehr genau auszudrücken, sie lässt den Ausdruck feinster Nuancen zu und wurde zurecht die „Sprache der Dichter und Denker" genannt. Heute ist das nicht mehr so. Besinnen wir uns also, werden wir wieder zu Dichtern und Denkern; lassen wir uns unsere so ausdrucksstarke Sprache auch in den Wissenschaften nicht weiterhin klauen; bemühen wir uns, sie alltäglich stets besser zu sprechen.

Dabei ist unsere Sprache seit jeher für fremde Wörter offen. Sie zählt zu den entlehnungsfreudigen Sprachen und wurde gerade durch Wörter-Importe ausdrucksstärker, kraftvoller und letztlich sogar wohlklingender. Bereits die Germanen wurden vom höher zivilisierten Römischen Reich sprachlich sehr stark beeinflusst. Über 500 Lehnwörter erinnern uns an diese Zeit, ohne dass wir uns dessen noch bewusst sind. Fenster, Markt, Kampf, Pflanze, Straße, Tisch... stammen daher.

Im Mittelalter und der frühen Moderne bereicherten vor allem Lehnwörter aus Arabien unsere Sprache: Gitarre, Tasse, Ziffer, Zucker... gehören dazu und aus dem Italienischen Bank, brutto, Konzert, Oper... Später fanden französische Wörter in unsere Sprache bestimmenden Eingang und fügten ihr sogar eine neue Klangfarbe hinzu: Balkon, Chance, Chef, Friseur, Kostüm, Revolution... Im 18. Jahrhundert ebbte der französische Einfluss auf die deutsche Kultur wieder ab und damit ebenso der französische Spracheinfluss. Aber bereits im 19. Jahrhundert, mit der kapitalistischen Industrialisierung in England, setzte von dort auch ein Sprach-Transfer in den deutschen Sprachbereich ein, der bis heute anhält und sich mit der Entwicklung der englischsprachigen USA zur stärksten Industrienation während des und nach dem 2. Weltkrieg sogar noch verstärkte. So ist Englisch heute *die* Weltsprache. Es ist daher natürlich, dass viele Lehnwörter aus dem Englischen in die deutsche Sprache fanden und finden: Debatte, Parlament… oder auch boxen, fair, Training oder Export, Konzern, Scheck… oder Pullover, Schal, Smoking. Sehr viele dieser Lehnwörter benutzen wir deshalb, weil es dafür im Deutschen keine sinnvolle und zugleich kurze Entsprechung gibt: Jogging, Layout, Playback, Scanner.

Bei allem jedoch ist die Sinnhaftigkeit wichtig, also dass wir solche Fremd-Wörter in unsere Sprache lassen, sie entlehnen, deren Anwendung vernünftig ist, *vor* deren allgemeiner Anwendung wir folglich unsere Vernunft befragten. Solche Wörter wie „Date", „Update" oder „downloaden" benötigen wir nicht. Leider fanden sie schon im Duden Aufnahme mit dem idiotischen Beispielsatz: „Hast Du das neue Update schon gedownloadet?". Das kann man mit deutschen Wörtern besser ausdrücken. Und heißt es nun „gedownloadet" oder „downgeloadet"? Dieser Mix aus Englischem und Deutschem (Endung „et") ist Schwachsinn. Für die schönen deutschen Wörter Höhepunkt, Leitartikel und Wochenende will man uns zum Beispiel die englischen Entsprechungen Haileit (highlight), Edditohriell (editorial) und Wiekend (weekend) aufschwatzen. Wenn wir sprachlich in unsere Vergangenheit schauen, bemerken wir unweigerlich die beiden deutschen Sprachschöpfer Philipp von Zesen (1619-1689) und Joachim Heinrich Kampe (1746-1818). Von ihnen können wir lernen, dass sich für bereits importierte Fremdwörter bessere deutsche Wörter finden lassen. Durch sie sagen wir heute Schauspieler statt „acteur" wie zuvor, Vertrag statt „contract", oder Augenblick statt „Moment". Vor Jahrhunderten sagten unsere Vorfahren noch „accidens", „Skribent", „passion" und „matter of fact"; daraus wurden inzwischen so schöne deutsche Wörter wie Zufall, Schriftsteller, Leidenschaft und Tatsache.

Heute hingegen übernehmen wir einfach vollkommen gedanken- und bedenkenlos englische Wörter.

Team zum Beispiel, obwohl es im Deutschen das Wort Kollektiv mit gleicher Bedeutung gibt, nämlich, dass es sich um einen Zusammenschluss von Menschen (Gruppe) handelt zur Erledigung einer Aufgabe oder zur Erreichung eines Zieles. Eine Gruppe (Team/Kollektiv) hat einen unschätzbaren Vorteil: Sie ist oft klüger, als die intelligentesten ihrer Mitglieder. Allerdings ist nur „Kollektiv" ein deutsches Wort. „Team" wurde im Wesentlichen mit vielen anderen Wörtern erst nach dem 2. Weltkrieg über die US-amerikanischen und britischen Besatzungstruppen nach Deutschland gespült. Dabei ist Kollektiv ein gutes Wort. Es ermöglicht zu sagen: „kollektives Verhalten". „Team" kann das nicht (teamiges Verhalten?). Aber als militärisch Unterlegene haben wir uns sehr bereitwillig ein ungeheures Sprach-Gelumpe aus diesem fremden Sprachraum überstülpen lassen. Gewissermaßen wie ein Welpe, der sich, wenn sich sein „Herrchen" über ihn beugt und streicheln will, auf dem Rücken wälzt, winselt und sich vor Freude auch noch bepinkelt. Genau auf diese Weise, die bis heute (2017) anhält, erwinseln wir uns einen sprachlichen Käse nach dem anderen.

Gerade in der Werbung wimmelt es geradezu von englisch angehauchten Wortgebilden; aber insbesondere in der besonders umworbenen Zielgruppe der 14- bis 49-Jährigen können nur etwa 40 Prozent Englisch überhaupt verstehen. Es herrscht also der blanke Irrsinn: Man wendet sich an bestimmte Menschen und kann von vornherein wissen, dass etwa 60 Prozent davon gar nichts verstehen. Und was man Ihnen so unverständlich anbietet (aufdrängt), kaufen sie auch nicht.

Was wäre zu tun? Gegen Ende des 19. Jahrhunderts wurden in Deutschland fremdsprachliche Wörter und Ausdrücke (sie stammten damals vor allem aus dem Französischen) „eingedeutscht", und zwar per Regierungs-Erlass. Das ging ohne großes Federlesen reibungs- und problemlos, denn niemand störte sich daran. Betroffen waren insbesondere die Post und Eisenbahn. Seither sprechen wir ganz selbstverständlich von Abteil, Bahnsteig, Fahrkarte oder Schaffner. Seit ein paar Jahren macht sich vor allem bei der Deutschen Bahn wieder ein Sprachfimmel breit, weil die Chefetage irrsinnig geworden ist. Nun sollen wir unsere deutschen Wörter durch „Bahn-Card", „Counter", „Park&Ride", „Service-Point" und „Ticket" ersetzen. Sprachschwachmaten eben. Wo andere ein Sprachgefühl haben, sitzt bei denen nur Hornhaut.

Die Engländer und Amis lachen zurecht von oben herab über den deutschen Pinkelwelpen-Übereifer, unseren Wortschatz zu anglisieren. Ohne Rücksicht auf Verluste gehen unsere Sprachdeppen sogar soweit, selbstständig englisch klingende Wörter und Ausdrücke zu erfinden, die in der englischen Originalsprache gar nicht oder in vollkommen anderem Zusammenhang vorkommen, wie „Basecap" (Grundkappe) oder „Public Viewing" (öffentliche Aufbahrung eines Toten). „Handy"; dem Vernehmen nach stammt dieses Wort, das mit Englisch im benutzten Sinne nicht das Geringste zu tun hat, aber so schön englisch klingt, aus – Bayern! Als dort Anfang der 90er Jahre jemand einem Bayern so ein Gerät zeigte, fragte dieser neugierig: *„Hänn die koa Koabl?"*. Und das war's dann.

Für unser künftiges Verhalten diesem Englisch-Quark gegenüber will ich folgendes zu bedenken geben: In jedem einzelnen Fall bestrebt sein, zunächst ein *deutsches* Wort anzuwenden. Es ist stets besser, als ein ausländisches. Warum? Weil es Deine Sprache ist, das Wort also Dir gehört, Deinem Denken und Fühlen entspricht. Durch die Anwendung wird Deine deutsche Sprache gefestigt und vielfältiger durch neue deutsche Wortbildungen für neue Dinge. So wird unsere Sprache zur Lust.

Englisch-Deutsch zur Scheiße gequirlt.

„Fanclub" (Fännclab) Anhängerclub. Aus irgendeinem Grund sind wir zu faul oder blöde, wenn schon, dann auch den zweiten Wortteil englisch zu sprechen.

„Cruise Missile" („Kruhs Missail") Kreuzende Rakete oder Kreuzzugsrakete.

„Leader" (Lieder) Führer. Dieses deutsche Wort haben wir uns dermaßen von den Nazis klauen lassen, dass wir uns heute vor Angst in die Hosen scheißen, ehe wir es dann – doch nicht benutzen. Denn, so empfinden wir, dieses Wort war ja praktisch die Person Hitlers selbst. Wer also heute „Führer" spricht, kann damit eigentlich auch nur „den Führer", also Hitler meinen, so das allgemeine Empfinden. Das ist aber Schwachsinn, letztlich unterwürfiges „Doppeldenk". Wir beobachten, kontrollieren, dressieren und bevormunden uns selbst. Dabei ist dieses Wort innerhalb des deutschsprachigen Raums Jahrhunderte alt. Immerhin trauen wir uns, es über eine sprachliche Abzweigung, zusammengesetzt mit anderen Wörtern, weiterhin zu gebrauchen: Abteilungs-Führer, Berg-Führer, Gruppen-Führer, Heer-Führer, Hundertschafts-Führer, Lok-Führer, Oppositions-Führer, Partei-Führer, Polizei-Führer, Spiel-Führer, Trupp-Führer, Zug-Führer, Führer-Schein... Und über diese sprachliche Verzweigung gibt es auch den reinen „Führer" bereits wieder, allerdings noch verschämt als *Führungs-Person.*

„Die Sehnsucht nach einem guten, weisen Führer ist eigentlich eine Regression, ein Zurückfallen auf eine kindliche Stufe" (H.-J. Wirth, Psychotherapeut).

„Was sind alle Emeuten und Ausbrüche der Volkswuth? Brüllen, unartikuliertes schreien, wie eines stummen Wesens in Wuth und Qual: dem Ohre der Weisheit klingt es wie unartikuliertes Flehen: „Führe mich, regire mich! Ich bin toll und elend, und kann mich nicht selber führen!" (Thomas Carlyle, 1785-1881).

Gäbe es eine gute Lösung? Aus meiner Sicht ja: Abschaffung des gegenwärtigen Systems unserer materiellen Reproduktion mit seinen vertikalen Strukturen, die natürlich auf allen Ebenen Führer und Geführte (Mündige und Unmündige) benötigen. Stattdessen Hinwendung zu ausschließlich horizontalen Strukturen, zum Beispiel Räte, in denen es keine Führer braucht, da alle gemeinsam über den sinnvollen Einsatz der ihnen gemeinsam gehörenden materiellen und geistigen Ressourcen beraten und entscheiden. Das verlangt eine Vernetzung aller auf allen Ebenen (von örtlich über regional bis global), wofür die erforderlichen technischen Kommunikationsbedingungen in reichem Maße längst zur Verfügung stehen.

„So richtig *realisieren* wird man das wohl erst in ein paar Tagen, was man hier heute erreicht hat". (Fußballmeister Wolfsburg 2009). Dieser Sprachquark wird zwar aus dem Englischen geklaut aber falsch angewendet. Der Satz ist deshalb Schwachsinn, weil man etwas bereits heute erreicht (realisiert/verwirklicht) hat, aber gesagt wird, dass man es erst in ein paar Tagen tun wird. Blöder geht's eigentlich gar nicht. Im Englischen bedeutet „to realise" begreifen, merken, verwirklichen, erkennen. Im Deutschen hingegen nur verwirklichen. Was also bereits verwirklicht wurde, kann nicht noch einmal verwirklicht werden.

„Die beiden Tophailaits" Tophighlights. (TV-Sport). Gelumpe, denn was soll ein Höhehöhepunkt sein?

Warum sagen wir Hohl off fehm (Hall of fame) und nicht Halle des Ruhms?

„Ihr habt beide einen Basser" (buzzer). Die beiden „Z" werden als stimmhafte „S" gesprochen (wie bei „Susi"). „Das ist der rote Knopf". „buzz" ist Englisch und heißt dort summen; ein „buzzer" ist folglich ein Summer bzw. ein Gerät, das (auf Knopfdruck) einen Summton erzeugt. Es ist also kein roter Knopf, auf den man draufhaut. Die Farbe ist vollkommen unerheblich; wesentlich ist, dass das Ding einen Summton erzeugt.

Wozu brauchen wir „Challenge" (Herausforderung), „Battle" (Kampf, Schlacht, Wortgefecht), „Keeper" (Torwart), „downhill-Rennen" (Bergabrennen, Abfahrtslauf), „highlight" (Höhepunkt). Warum werden in US-Filmen viele Wörter nicht übersetzt, obwohl es allbekannte deutsche Wörter dafür gibt? Was sollen wir mit „Déppjutie", „Köhrnel", „Djénneräll", „Ljuhténnänt", „ßáhtschnt" „Kommáhnder", „ßör", „ßéckneff" anfangen? Eine naheliegende, weil wahrscheinliche Antwort ist, dass wir uns an die US-amerikanischen Militärbegriffe schon mal gewöhnen sollen, um sie dann im „Ernstfall" nicht erst umständlich lernen zu müssen. Warum, glaubst du, wird uns regierungsamtlich empfohlen, für wenigstens zwei Wochen Proviant zu Hause einzulagern?

Wozu brauchen wir eine „Europa Lieg" (League), wenn es eine *Europa-Liga* auch täte.

Warum sollen wir überall und immer wieder „voten" statt *wählen*.

Warum können wir nicht *Gewinner* sprechen, sondern nur noch „Winner" radebrechen?

Warum schaffen wir den Friseur ab und taufen ihn in „Hährdresser" (Hair)um? Warum tun wir so etwas? Was ist mit uns los? Wie minderwertig fühlen wir uns mit unserer eigenen Sprache?

Oder unser gutes altes europäisches Café; wir machen daraus sprachliederlich einen schnöden Laden (Koffi-Schopp) Coffee-Shop. Die Plaste- und Pappbecher triumphieren. Reinste Müllproduktion. Diese Unkultur lassen wir uns von den US-Amerikanern überstülpen. Solche Art des Trinkens ist ziemlich identisch mit der Art und Weise der Schweinefütterung. Und wer sagt, dass ihm das Gesöff aus diesen Bechern schmeckt, der lügt zumindest oder ist trink-kulturell schon so weit degeneriert, dass er gar nicht mehr weiß, was Geschmack überhaupt ist. Unseren so kulturvollen Stil, die Eleganz des feinen weißen Porzellans und der Gläser machen wir uns so selbst kaputt; „freiwillig" und glauben, dass das nun eine kulturelle Höherentwicklung sei. Ja, so blöde sind wir. Und das idiotische Rumgeschleppe von Getränken (to go) beim Gehen auf der Straße belegt unsere Unzurechnungsfähigkeit. Es könnte ja sein, dass wir sonst verdursteten.

„Song". Im Englischen „the song" (sächlich). Es bedeutet „Lied". Im Deutschen „das Lied" (sächlich). Warum benutzen wir „song" überhaupt im Deutschen und zudem komplett falsch als „der Song" (männlich)?

„Eine wahnsinnig erfolgreiche Frau. Sie singt ihre Lieder grundsätzlich „annplackt" (unplugged). Wahrscheinlich weil sie *wahnsinnig* erfolgreich ist; wäre sie nur *normal* oder *sehr* erfolgreich, würde sie vielleicht ihre Lieder von Musikern mit normalen Musikinstrumenten begleiten lassen.

„Das ist schon eine Geschichte, die „schocking" (shocking) ist" (TV, J.B. Kerner). „Schockierend" zu sagen, geht ja gar nicht. Aber nur, wenn man ohne zu denken einfach nur absondert.

„Tookschoh" (talkshow). Hierbei handelt es sich um eine sogenannte Gesprächsschau, insbesondere im Fernsehen. Der Wortteil „show" besagt bereits, dass es sich nicht um ein Gespräch handelt, sondern um eine Schau/Vorführung. Und vorgeführt werden jeweils ein paar Personen, die Laute von sich geben, ohne etwas zu sagen. Diese weit überwiegend nichtssagenden Vorführungen entsprechen passgenau dem inzwischen erreichten flachen Zuschauerniveau und werden alltäglich den Leuten zu ihrer weiteren Verdummung in die Wohnungen geschwemmt.

Wozu brauchen wir „Pännkeeks" (pancakes), wenn wir Eierkuchen haben?

Warum sollen wir unser schönes deutsches Wort „Kind" durch den englischsprachigen Scheißdreck „Kid" ersetzen? „Kid" ist im Englischen eine Ziege, eine Geiß, ein Kitz oder Zicklein. Es meint dort auch eine junge Person oder ein Kind, wenn man es zum Beispiel „na mein kleines Zicklein" nennt. „Kind" heißt englisch „child" (tschaild). Und „Kid" bedeutet im Englischen auch „verarschen". „I kid him" (Ich verarsche ihn). Na dann weiterhin gute Verarschung!

„Njuhsanker (Newsanker, „Anchorman"), wie man Neudeutsch sagt". Was ist „Neudeutsch"? Wer legt es fest? So etwas gibt es gar nicht. Es ist einfach so, dass der Sager dieser Sprachscheiße einfach nur zu doof ist und kein deutsches Wort dafür weiß.

„Skinnhed" (Skinhead), „Hautkopf". Lächerlicher Sprach-Quark. Der Schriftzug „Skinhead" auf eine Glatze tätowiert ist so idiotisch, als wenn auf einen Tisch Tisch geschrieben wird oder auf einem blauen Hemd blaues Hemd.

Wir beließen es besser bei einer Neuverfilmung, als das unverständliche „riemehk" (remake) zu verwenden oder statt eines Empfängers einen „Rißiever" (Receiver), die meisten sprechen es ohnehin falsch, nämlich „Reßeiver".

Was ist besser am „Strietwohker" (Streetworker) als am *Straßenarbeiter*?

Warum soll es ein „Fämmeliedeh" (Familyday) sein, statt eines *Familientages*?

Was ist ein „Ständappkommiediän"? Tut es ein *Komiker* nicht auch? „Sie ist Ständapperin" (TV, Stefan Raab.)

Warum müssen wir dauernd performen, wenn es so schöne deutsche Wörter wie *durchführen, ausführen, spielen* gibt? Oder „tehpen" (tapen) statt verbinden und pflastern?

Weshalb muss eine Musikveranstaltung im deutschen Sprachraum „Bundes Wischen ßong Contest" heißen?

Was ist an „shoppen" besser als an *„einkaufen"*?

„Outdoor-Kleidung" zu sagen, ist einfach nur überflüssig. Bereits im betreffenden Wort für eine bestimmte Kleidung ist enthalten, dass man sie draußen (für Dumme: „aushäusig") oder drinnen (Hausschuhe) tragen kann. Mantel, Anorak, Hose, Socken...

Was sagt uns „city", was uns *„Stadt"* verschwiege?

„Executive Assistant" (Sekretär/Sekretärin), „Office Manager" (Büroleiter), „Personal Assistant" (Chefsekretärin), „Facillity Manager" (Hausmeister), „Trainee" (Praktikant), „Treasurer" (Leiter der Finanzabteilung)... all diesen verdeutschten Quark brauchen wir nicht. Auch „floppen" ist so ein Käse. Ein „Flop" ist zu Deutsch ein Misserfolg. Bei uns kann etwas *fehlschlagen, misslingen, quergehen, scheitern, schiefgehen*. Hierbei erkennt man sehr gut, wie vielgestaltiger unser Deutsch gegenüber dem Englischen ist. Und gerade diese Vielfalt macht unsere Sprache nicht nur ausdrucksstark, sondern direkt schön.

„Du arbeitest ja eigentlich als „Wormapper" (Wormupper) Warmaufer. Hä? Warmmacher, Aufwärmer, Anheizer, Stimmungsmacher, Publikums-Dressierer wären schöne deutschsprachige Möglichkeiten.

Hiermit will ich es bei diesem Mist und der Schande unserer eigenen Unterwerfung unter die Fremdsprache Englisch bewenden lassen. Allein hierzu verfüge ich über Material, das wohl weitaus umfassenderen Text ergäbe. Aber ich meine, dass das Problem mit den hier gebrachten Beispielen einigermaßen ausgeleuchtet wurde; außer auf dem Gebiet der Wissenschaften. Nur so viel: Wissenschaftler informieren und koordinieren sich bei neuen Entwicklungen und Ergebnissen ihrer Forschungen durch Publikationen. Soweit das deutschsprachige hervorragende Wissenschaftler machen, geschieht es nahezu ausschließlich in englischer Sprache, denn die wirkungsstärksten Wissenschafts-Medien der Welt erscheinen in englischer Sprache. Englisch ist aber nahezu vollständig keineswegs die Muttersprache der deutschen Wissenschaftler. So tappen sie regelmäßig in eine ihnen auf diese Weise gestellte Falle. Denn allzu oft leiden Tiefe und Klarheit der Gedanken, wenn jemand versucht, die englische Sprache zu benutzen, ohne es zu können. Selbst englische Muttersprachler als Übersetzer bringen hier keine Besserung, denn sie sind eben „nur" Übersetzer und haben von der betreffenden Wissenschaft zumeist keine wissenschaftlich tiefe Ahnung. So geraten die deutschsprachigen Wissenschaftler im Weltmaßstab allein deshalb ins Hintertreffen, weil sie mangels erstklassiger deutschsprachiger Publikations-Möglichkeiten auf Englisch publizieren müssen und so niemals 100 Prozent ihres Könnens darstellen können. Und schlimmer: Deutsche Wissenschaftler begegnen ihrer eigenen Sprache oft mit Geringschätzung. Warum? Weil sie sie selbst nur vergammelt gebrauchen können.

Plastik/Plaste (Das muss einfach noch sein)

Hierzu gibt es interessante Diskussionen. In beiden Sprechweisen soll es um „Kunststoff" gehen. Das ist aber sehr zweifelhaft. Wer „Plastik" (das!) sagt, meint zwar das Richtige, sagt aber das Falsche, abgesehen davon, dass kaum jemand „das" Plastik sagt. Leider ist es so, dass sich die damaligen Westdeutschen vollkommen unterwürfig das Wort „plastic" für Kunststoff insbesondere von ihrer US-amerikanischen Besatzungsmacht überhelfen ließen, obwohl es dafür fachsprachlich nicht den kleinsten Grund gab. Und indem sie daraus dann das Wort „Plastik" machten, wurde der Quatsch noch „quätscher". Denn dieses Wort gab es im Deutschen bereits seit langem; es bezeichnet ein Werk der Bildhauerkunst (Skulptur) bzw. kommt im Zusammenhang mit chirurgischen Eingriffen zur Anwendung. Das interessierte jedoch die Sprachdeppen nicht die Bohne (ätsch, „Plastik" kommt ja von unseren Herrchen!), obwohl es, sogar wissenschaftlich fundiert, im Gesamt-Deutschen für Kunststoff bereits das bessere und schöne Wort „Plast" (der, Einzahl) und „Plaste" (die, Mehrzahl) gab und immer noch gibt.

	Einzahl	Mehrzahl
1. Fall	der Plast	die Plaste
2. Fall	des Plastes	der Plaste
	des Plasts	
3. Fall	dem Plast	den Plaste
	dem Plaste	
4. Fall	den Plast	die Plaste

Wissenschaftler und Chemiker wissen das natürlich und sprechen deshalb von Thermoplaste, Duroplaste und Elastomeren, wenn sie Kunststoffe meinen (Plaste und Elaste).

Fest steht prinzipiell auch hier, dass, wenn auch sogar ein überwiegender Teil der Bevölkerung ein im sprachlichen Sinne falsches Wort benutzt, es damit nicht richtig wird. Lassen wir doch den Amis und Briten ihr „plastic" für sie ganz allein und geben es ihnen (viel zu lange) gebraucht zurück. Die deutschsprachigen Journalisten könnten damit gut anfangen, was für sie natürlich ein gewaltiger Ruck wäre, denn sie müssten zunächst einen Haufen ideologischen Sprach-Müll aus ihren Köpfen entfernen. Und das tut weh.

Das gilt natürlich auch für diverse weitere Wörter und Redeweisen. Nehmen wir zum Beispiel das Wort *„erinnern"*.

„Was war das Essen in deiner Kindheit, das du besonders erinnerst"? Das ist im Deutschen natürlich Unfug, denn ein Essen kann man nicht erinnern. Richtig: „...in deiner Kindheit, *woran du dich* oder *an das du dich* besonders erinnerst". Nur jemand kann *sich oder jemanden an etwas* erinnern. Die falsche Redeweise wird aus dem Englischen importiert, denn dort heißt, „Ich erinnere *mich*" lediglich „I remember" (ich erinnere).

Wer nun denkt, das müsste es doch eigentlich gewesen sein, irrt sehr. Jedoch möchte ich uns nach so viel Sprachgepansche eine kleine Beruhigungsphase gönnen, mit ein paar

Bonmots (Treffende geistreiche Wendungen, witzige Bemerkungen)

Ein Mensch — das trifft man gar nicht selten —, der selbst nichts gilt, lässt auch nichts gelten. (Eugen Roth)

„Der Schwache kann nicht verzeihen. Verzeihen ist eine Eigenschaft des Starken". (Mahadma Ghandi)

„Die Werbung ist die Kunst, auf den Kopf zu zielen und die Brieftasche zu treffen". (Vance Packard)

Dummheit und Langeweile sind „zwei furchtbare Mächte, oft genannt, aber in ihrer ganzen ungeheuren Größe noch nicht begriffen". (Gerhart Hauptmann)

Es ginge zunächst darum, „tatsächlich *einen Flughafen zum Fliegen zu bringen* und die Probleme zu lösen, die da sind". (Der damalige Berliner Regierende Bürgermeister Klaus Wowereit 2013). Na dann „Gut Flug"!

„Wörter können sein wie winzige Arsendosen. Sie werden unbemerkt verschluckt, sie scheinen keine Wirkung zu tun, und nach einiger Zeit ist die Giftwirkung doch da". (Victor Klemperer)

„Sprechen und reden sind zweierlei Dinge". (Heinz Florian Oertel). Damit beklagte er, dass heutzutage viel zu viele reden würden und doch nichts zu sagen haben.

„*Weltraumspaziergang*". So etwas gibt es gar nicht. Stets handelt es sich um einen harten Arbeitseinsatz eines Raumfahrers außerhalb des Raumschiffes/der Raumstation.

„Lesen? Das geht ein, zwei Jahre gut, dann bist du süchtig". (Greser&Lenz in einer Karikatur, 2013)

„Ein Blick ins Buch und zwei ins Leben, das wird die rechte Form dem Geiste geben." „Lesen ist mehr als Bücherkonsum. Lesen ist wie eine Kunst". (Goethe)

In Deutschland gelten ca. 30 Prozent (drei von zehn Personen ab 14 Jahren) als *„Nichtleser"*. Bei uns sinkt das *„Leseaustrittsalter"* unentwegt. Diese verkorkste Wortbildung drückt aus, dass unsere Kinder und Enkel in immer jüngeren Jahren nicht mehr in Büchern lesen. Während jedoch die „Literatur unsere Herzen das Schauen lehrt, leert Fernsehen nur den Kopf". Nichtwissen ist letztlich nur möglich durch nicht wissen wollen.

„Wer die Schrift gelernt haben wird, in dessen Seele wird zugleich mit ihr viel Vergesslichkeit kommen, denn er wird das Gedächtnis vernachlässigen. Die Menschen werden jetzt viel zu wissen meinen, während sie nichts wissen". (Der Philosoph Platon, 370 v.u.Z.).

Bücher. Sie sind weit mehr als der beim Lesen aufgesogene Inhalt. Wer Bücher hat, hält damit stets auch eine emotionale Bindung zu diesen Geistesgegenständen fest. Ohne die Buchkultur gelänge niemandem in der heutigen Gesellschaft überhaupt ein sozialer Aufstieg.

„Welchen *Leser* ich wünsche? Den unbefangenen, der mich, sich und die Welt vergisst und in dem Buche nur lebt" (Schiller).

Die Aufgabe eines *Schriftstellers* sehe ich darin, zu experimentieren, zu forschen; sein Anliegen ist das Aufspüren gefährlicher, nichtberuhigender Sachen, Sachverhalte.

Fachsprache ist immer auch Geheimsprache und dient dazu, Macht zu erhalten.

Was gibt uns Politik sprachlich?

Am Anfang jeglicher Kultur der Menschen stand das gesprochene Wort. Es gab Geschichtenerzähler; sie ließen in den Köpfen ihrer Zuhörer Bilder von Ereignissen entstehen. Natürlich in jedem Kopf zum gleichen Ereignis andere Bilder, die schließlich mit dem realen Ereignis nicht mehr übereinstimmen mussten, ja nicht einmal konnten. Aber all diese Erzählungen hatten natürlich einen Wahrheitsanspruch („wenn ich es dir doch sage!" / „bei meiner Seele" / „mir soll die Zunge verdorren"). Und sie wurden allein schon deswegen geglaubt und mit vielerlei zusätzlichen Ausschmückungen weitererzählt, weil es ja nirgends alternative Informationsquellen gab. So konnten die Geschichtenerzähler den menschlichen Geist manipulieren. Mit der Entwicklung der Schrift als Kulturtechnik konnten die Geschichten auch von den Zuhörern niedergeschrieben werden, die auf diese Weise selbst zu aktiven Kommunikatoren wurden. Man konnte nun solche Texte immer wieder nachlesen und vergleichen, was den Geschichtenerzählern über die Jahrhunderte hinweg zunehmend Einfluss entzog. Diese Entwicklung verstärkte sich noch mit der Erfindung des gedruckten Wortes vor über 500 Jahren. Damit verlor dann auch die Gelehrten-Elite ihr Lese- und Schreibprivileg und mit ihm das exklusive Recht auf Gedankenverbreitung. Denn wenn die Menschen erst einmal lesen und schreiben können, dann wollen sie es auch dürfen. Nicht zuletzt ist auch die Bibel so eine Sammlung von Geschichtenerzählern erzählten Geschichten. Damit sind sie Kulturgeschichte; nichts sonst. Sie beschreiben das soziokulturelle Weltbild zum jeweiligen Entstehungs-Zeitpunkt. Diese als Bibel bezeichnete Geschichten-Sammlung umfasst 66 verschiedene Bücher (39 Altes Testament, 27 Neues Testament). Die Geschichten sind bis zu 3.400 Jahre alt und teilweise auch noch älter. Darin wird Jesus als König, als Knecht, als wahrer Mensch oder als Gottes Sohn beschrieben, also vollkommen unterschiedlich, wie es sich eben für erzählte Geschichten auch gehört. Und so ist es ziemlich erstaunlich, wie in derart von Menschen erschaffenen Schriften etwas tief Göttliches hineininterpretiert wird.

Unsere heutigen Geschichtenerzähler nennen wir Politiker, weil sie es selbst tun. Als solche betreiben sie Politik. Das ist nichts als eine Handlungsform des (kapitalistischen) Staates. Seine vornehmste Aufgabe nach innen ist die Verwaltung des innerhalb der Staatsgrenzen lebenden Menschenmaterials (Humankapital). Verwaltung meint das möglichst umfassende Hineinfoltern der Menschen in die „Arbeit" (Marx) zwecks Mehrwert-Produktion. Die Menschen müssen ständig auf Trab gehalten werden, damit sie nicht auf „dumme" Gedanken kommen. Und sie müssen möglichst drastisch monetär gemolken werden (Steuern...). Ein ganz wichtiges Werkzeug zur Ruhigstellung des Menschenmaterials ist neben der ganz gewöhnlichen administrativen Gewalt die von den Politikern benutzte Sprache. Das möchte ich hier etwas verdeutlichen:

Das Wort „Reform" war ursprünglich positiv verstanden worden. Wenn etwas reformiert wurde, bekam das Alte (Veraltete) eine neue, bessere, angenehmere, fortschrittlichere Form. Inzwischen hat der Liberalismus das Wort „Reform" aus diesem positiven sprachlichen Verständnis entwendet und daraus etwas gemacht, dass es, wenn als „Reform" durchgeführt, ausschließlich eine verschlechternde Wirkung hat; für die betroffenen Menschen wird es dann teurer, umständlicher, zeitaufwändiger, ungesunder, gewalttätiger, diskriminierender, rücksichtsloser, gemeiner, verachtender... Ein „Reformer" sollte folglich stets mit absolutem Misstrauen betrachtet werden. Das Wort „Reform" gehört mit diesem negativen Gebrauch immer in „" (Gänsefüßchen/An- und Ausführungszeichen) gesetzt. Anführung jedoch nicht im Sinne einer wörtlichen Wiedergabe eines Textes, sondern Anführung im Sinne von Verscheißerung und Irreführung. Nichts Anderes wird mit uns gemacht, wenn solche Wörter, die an sich positiv besetzt sind, genau deswegen nun negativ umbesetzt werden.

„50 Milliarden € gehen den Sparern durch Bankberatung verloren". Das ist eine wahrscheinlich noch untertriebene Tatsache; jedoch diese Milliarden gehen nicht verloren, sondern werden den Sparern regelrecht geklaut.

Mit solchem Politgeschwafel sollen uns geistige Fesseln angelegt werden, was auch mit großem Erfolg geschieht.

Die Sprache der Politiker ist nicht nur unverständlich, hässlich, verharmlosend, beschönigend, irreführend, lügnerisch oder einfach nur dumm, sondern auch bösartig, ignorant, feindselig, listig, hinterlistig, heimtückisch, betrügerisch, verletzend und hetzerisch. Es kommt darauf an, politische Gegner und das Publikum hinters Licht zu führen, damit es sich in jede Richtung bereitwillig führen (manipulieren) lässt. Mehr als 85 Prozent der deutschen Menschen haben mit der Sprache in Schreiben von Ämtern, Gerichten und Anwaltskanzleien Schwierigkeiten, sie überhaupt zu verstehen. Behördenbriefe sind sogar für mehr als 80 Prozent der Menschen mit Abitur oder Hochschulabschluss schwer verständlich.

„Politik besteht darin, die Leute so elegant zu bescheißen, dass sie denken, sie hätten sich das schon immer so gewünscht" (Ernst Röhl, Kabarettist).

„Alle politische Kleingeisterei besteht in dem Verschweigen und Bemänteln dessen, was ist". (Lassalle)

„Wir haben es in der Hand, ob wir Zauderer oder Kleinmütige sind. Den Mut und die Kraft dazu haben wir". (Dr. Angela Merkel, 2010). Na dann wollen wir mal sehen, wohin uns Mut und Kraft führen, ob es zu einem verklemmten und feigen Zauderer langt oder gar ein anständiger, Befehle liebender Kleinmütiger gelingt. Am Ende des Kapitalismus bleibt uns stets nur eine Wahl zwischen Pest und Cholera.

„Wir müssen die Menschen mitnehmen" beschreibt lediglich ein Herrschafts- und Intelligenzverhältnis und heißt eigentlich: „Wir dort oben, ihr dort unten; wir dort vorn, ihr dort hinten; wir Lehrende, ihr Schüler; wir Führende, ihr Geführte" (H.-D. Schütt).

„Sie wurde so schwer geschlagen, dass sie daran gestorben ist". Wurde sie vielleicht einfach nur *erschlagen*?

„Die Überzeugung, dass er es *draußen im Lande* mit Millionen von *Idioten* zu tun hat, gehört zur psychischen Grundausstattung des Politikers" (Hans Magnus Enzensberger).

„*Solidargemeinschaft*" wird die EU oft genannt. Das ist allerdings eine logische Unmöglichkeit. Die EU ist nichts als ein Vertragswerk zwischen konkurrierenden Staaten. Als solche können sie objektiv nur jeweils im eigenen Interesse handeln. Die kapitalistische Konkurrenz bestraft sie unbarmherzig, wenn sie es nicht tun. Allein die horrenden jährlichen Exportüberschüsse Deutschlands zeigen, dass dieses Land die anderen EU-Länder „erfolgreich" niederkonkurriert. Ein Konkurrenzsystem schließt Solidarität prinzipiell aus und erlaubt nur zeitweilige Pakte. Der „Erfolg" Deutschlands wird letztlich sein eigener Ruin sein, wenn seine Gläubigerländer keinerlei Kredite mehr zurückzahlen können (und werden), weil sie über keine Industrien mehr verfügen, die diese Mittel erwirtschaften könnten. Diese hinwegkonkurrierten Industrien fallen dann natürlich auch für weitere Käufe deutscher Waren aus. Die Folge: Die deutsche Industrie mit ihren riesengroßen Kapazitäten fällt krachend und mit allen denkbaren negativen sozialen Folgen in sich zusammen, weil es niemand mehr gibt, der irgendetwas von ihr kauft/kaufen kann.

„Arbeit". Weltweit verschwindet sie immer mehr. Bereits nahezu drei Viertel der Erdbevölkerung können heute nicht mehr kapitalistisch, also durch „Arbeit" vernutzt werden, sie sind Überflüssige. Umso mehr wird von den politischen Protagonisten von „Arbeit" gefaselt. Es gibt nichts, was nicht irgendwie mit diesem Wort in Verbindung gebracht wird: „Kopfarbeit", „Bergungsarbeit", „Nacharbeit", „Kinderarbeit", „Fleißarbeit", „Trauerarbeit", „Laufarbeit", „Aufklärungsarbeit", „Beinarbeit", „Wertarbeit", „Gartenarbeit", „Hausarbeit", „Erinnerungsarbeit", „Parteiarbeit", „Schwarzarbeit", „Sozialarbeit", „Handarbeit", „Friedensarbeit"... Wenn alles zur Arbeit wird, gehen wir ja alle welcher nach; nur hat eben nahezu nichts davon etwas mit „Arbeit" zu tun.

Denn *„Arbeit"* (mit diesen Gänsefüßchen!) ist fremdbestimmte und abstrakte Verausgabung menschlicher Arbeitskraft (Muskel, Nerv, Hirn – Marx) gegen Geld. „Abstrakt" bedeutet losgelöst von den konkreten menschlichen Bedürfnissen, dass es also sowohl dem, der seine Arbeitskraft verausgabt und dem, der dafür Geld bezahlt, vollkommen egal ist, was da produziert wird, ob Schokoplätzchen, Mähdrescher oder Atomminen; *Hauptsache, es kann damit Geld verdient* werden. Die Bedürfnisbefriedigung der Menschen ist auf diese Weise nur ein Abfallprodukt. Das wollen fast alle Menschen natürlich auf keinen Fall wahrhaben. Aber dieses abstrakte Tätigsein der Menschen, also das blinde Anhäufen von Reichtum um des Reichtums willen (und nicht zur Bedürfnisbefriedigung), führte den Kapitalismus bereits gegen Ende der 70er Jahre, wie bereits weiter oben dargestellt, an seine absolute innere Schranke. Seitdem zerfällt das System vor unseren Augen. Und die einzige Möglichkeit, daran etwas zu ändern, besteht heute darin, den Zweck unseres Tätigseins zu ändern. Aus dem Selbstzweck (aus Geld mehr Geld zu machen) muss der alleinige Zweck der Bedürfnisbefriedigung werden. Das heißt, die „Arbeit" (und damit der Kapitalismus) ist abzuschaffen. Das jedoch setzt ein „enormes Bewusstsein" voraus (Marx), wovon die Menschheit derzeit offenbar Lichtjahre entfernt ist, wie wir es deutlicher nirgends sehen können, als daran, wie wir mit der Sprache umgehen. Hier wirkt folgende Dialektik: Halten wir den Sprachverfall nicht auf, können wir nichts für unsere Bildung und damit für unser Bewusstsein tun und den gewaltsam zerfallenden Kapitalismus nicht abschaffen. Schaffen wir den zerfallenden Kapitalismus nicht ab, verwildern und zerfallen all seine Strukturen (darunter auch der „Bildungs"-Bereich) immer weiter und hinterlassen nichts als Gewalt. Die Menschheit ist bereits auf dem Weg in die Barbarei, der, wie es heute wahrscheinlich ist, mit ihrer Selbstvernichtung enden wird.

Ich weiß, dass das harter Tobak ist; aber Sprache und Gesellschaft sind niemals losgelöst voneinander zu betrachten, denn sie sind eins: Der Zerfall des Einen spiegelt nur den Zerfall des Anderen wider. Das hältst Du für absurd? Prima! „Wenn eine Idee nicht zuerst absurd erscheint, taugt sie nichts" (Albert Einstein).

Apropos Bildung. Ich halte es auch hier für geraten, die Gänsefüßchen anzuwenden, also „Bildung" zu schreiben, was dann *sogenannte Bildung* bedeutet. Denn ein gewisser Grad an „Bildung" ist nur für bestimmte Eliten vorgesehen, nicht aber für die Mehrheit der Menschen. Wann immer von Bildung gesprochen wird, ist stets „Bildung" gemeint. Und selbst diese versteht man nahezu vollkommen lediglich als *Ausbildung*. Ausbildung ist nichts anderes als das Einüben bestimmter Fertigkeiten, um kapitalistisch verwurstet werden zu können (sh. weiter oben Mandeville), also dazu beizutragen, an irgendeiner Stelle aus Geld mehr Geld zu machen, gewissermaßen Pferd zu sein. Oft meint das Wort Bildung nur eine gewisse Infrastruktur der Ausbildung. Wenn Parteien wahlkämpfen, wollen sie stets mehr Geld für Bildung ausgeben. Fast immer meinen sie damit Schulen (die Gebäude). Diese sollen neu verputzt, gedämmt, gereinigt oder abgedichtet werden. Ihre technische Ausrüstung soll modernisiert oder repariert werden. Die Schulklassen sollen verkleinert und mehr Lehrer eingesetzt werden. Wenn es denn tatsächlich getan würde, könnte man nichts dagegen einwenden. Jeder helle, freundliche und technisch gut ausgerüstete Klassenraum ist zum Lernen (und Lehren) besser geeignet, als ein vergammelter. Was aber ist mit den zu lehrenden Inhalten? Eine neue, moderne Schule (das Gebäude) hat doch nur mittelbar mit einem darin zu vermittelnden Wissen zu tun, sollte vielmehr eine ganz normale Voraussetzung sein.

Stellen wir uns wieder ein paar Fragen:

Bedeutet Schule gleich Bildung?

Wer ist ein gebildeter Mensch? Der, der die Schule besuchte? Der, der belesen ist? Der, der gesellschaftliche Zusammenhänge versteht? Der, der sich kritisch damit auseinandersetzt? Der, der also Einblick in die Gesetzlichkeiten der gesellschaftlichen Entwicklung hat? Ist ein Facharbeiter, Ingenieur, Ökonom, Professor gebildet oder ausgebildet? Zunächst einmal sind sie wohl nichts als Fachidioten, von denen sehr viele zusätzlich zur genossenen Ausbildung kaum oder keine weitere Bildung besitzen.

„*Industrie 4.0*" ist ein in den Medien und im Polit-Kauderwelsch gern und häufig benutzter Modeausdruck. Er beschönigt die weltweit gerade stattfindende ökonomische Entwicklung in den barbarischen Abgrund. Der Begriff meint die *Digitalisierung* der Wirtschaft. Das „4.0" soll heißen, dass es sich eigentlich um eine Vierte industrielle Revolution handelt, was jedoch nur ökonomischer Quark ist. Schauen wir uns die bisherigen industriellen Revolutionen kurz an:

Die Erste industrielle Revolution war durch die Anwendung von Kohle und Dampfkraft gekennzeichnet, die den Ruin der traditionellen handwerklichen Produzenten nach sich zog. Die Zweite industrielle Revolution beruhte auf dem Verbrennungsmotor, dem Fließband und der betriebswirtschaftlichen „Arbeitswissenschaft", verbunden mit einer sozialökonomischen Spaltung der Epoche in die Zeiten der industriellen Weltkriege und der fordistischen Nachkriegsprosperität. Die *Dritte industrielle Revolution* hat ihre technologische Basis in der Elektronik und den „Informationswissenschaften", um zu einer qualitativ neuen Stufe der Massenarbeitslosigkeit und damit der Systemkrise zu führen, wie wir täglich sehen.

Digitalisierung ist aber nichts anderes als Elektronisierung (basierend auf dem Transistor/Mikrochip). Das „4.0" ist also keine neue Qualität (oder gar eine Revolution), sondern bedeutet nichts als eine weitere Beschleunigung der Elektronisierung aller Bereiche, was in unvorstellbarem Maße menschliche „Arbeit"splätze vernichtet und die derart Ausgestoßenen zu kapitalistisch Überflüssigen macht, die dann zu Millionen an unsere Tür klopfen und um Almosen bzw. „Arbeit"splätze betteln. Und wir sind so blöd und machen genau das, was dieses Elend ständig aufs Neue erschafft, mit wachsender Verbissenheit, unter Einsatz aller Kräfte verstärkt weiter. So lassen sich aus dem Begriff *Dritte industrielle Revolution* mit ziemlicher Sicherheit noch „Industrie 5.0; 6.0; 7.0" machen. Warum? Weil wir es so wollen; weil wir uns in unserer Blödheit weigern, zu sehen, dass unser eigenes Tun direkt in die Barbarei führt. „Scheiß was drauf"! als verbreitete Lebenseinstellung wird daran leider nichts ändern. Leihen wir uns stattdessen vom alten Marx die Losung: „Nieder mit der Lohnarbeit!" Das würde unserem Bewusstsein gewaltig auf die Sprünge helfen.

Da uns das aber zuwider ist, lassen wir uns lieber weiterhin mit diversem Sprach-Gelumpe verdummen:

„Grundstücksverkehrsgenehmigungszuständigkeitsübertragungsverordnung" oder „Rentenversicherungsnachhaltigkeitsgesetz". Das ist reine Sprachkunst, die jeder Depp ganz einfach versteht; was ja auch der Zweck ist!

„Die internationale Gemeinschaft". „Wertegemeinschaft", „Völkergemeinschaft", „Staatengemeinschaft", „Weltgemeinschaft", all das sind Heuchelwörter. In unserer heutigen Reproduktionsweise (Kapitalismus) sind zwar die Produktivkräfte bereits sogar global vergesellschaftet, die Menschen jedoch können als immer mehr vereinzelte Konkurrenz-Subjekte keine direkt menschliche Gesellschaft bilden, sondern nur eine Gesellschaftlichkeit der Dinge („falsche Gesellschaftlichkeit", Marx), in der es ausschließlich um Kaufen und Verkaufen geht, das Geld also zum Selbstzweck wurde. Alle Beziehungen sind nur sachliche, durch Geld vermittelte und so keine menschlichen. Als Konkurrenz-Subjekte können wir einander nur belügen, betrügen, hintergehen, bestehlen, korrumpieren und auf jegliche Art übereinander herfallen und „Andere" umbringen. Auf diese Weise schaffen wir das Gegenteil einer menschlichen Gesellschaft.

Schnittmengen (Gemeinsamkeiten). Eine Schnittmenge ist zum Beispiel das was der Rasenmäher mäht, eine Menge Geschnittenes, eben Rasen-Schnittgut.

Frauenberufe ist nur ein Synonym für niedrig bezahlte Berufstätigkeit.

„Neue synthetische Drogen *breiten sich* in Europa so schnell aus wie nie zuvor" (EU-Nachrichten). Diese verflixten Dinger! Wie machen sie das nur?

„*Nazis sind Spinner*" (Bundespräsident Gauck). Damit gibt er zugleich zu erkennen, dass er selbst gar nicht begreift, was er laut absondert. Denn schon für die Sozialisten am Anfang des 20. Jahrhunderts galt der Antisemitismus als „Sozialismus der dummen Kerle" (ein von August Bebel aufgegriffenes Wort des österreichischen Sozialdemokraten Pernerstorfer). Und wir wissen alle, was schließlich daraus wurde, wie das „Volk" diesen dummen Kerlen nachrannte und was es gemeinsam mit ihnen anrichtete.

„Militärschlag", „Chirurgische Präzision", „Befriedungsaktion", „Verantwortung übernehmen", „bewaffnete Mission", „gewaltsame Entwaffnung", „Luftschläge mit intelligenten Waffen" „Sicherung der Menschenrechte", „eingebettete Journalisten", „robuster Einsatz", „Soldateneinsatz", „Soldaten *engagieren* sich", „feiger Hinterhalt" wenn „unsere" Soldaten getötet werden; oder sind sie nur „gefallen"? „93 Lauterer Fußballer *fielen* auf den Schlachtfeldern des Zweiten Weltkrieges" (was ist schlimm daran, mal zu fallen? Man kann ja auch wieder aufstehen. Selbst auf einem Schlachtfeld, auf dem ja eigentlich geschlachtet wird).

„Durchsetzung von Flugverbotszonen" meint „Luftkrieg", also mit Flugzeugen geführten Krieg.

„Schutz der Zivilbevölkerung" ist eine Umschreibung für den gewaltsamen Sturz einer Regierung.

Eine „hohe Mannstoppwirkung" zum Beispiel bei einem Gewehr umschreibt beschönigend lediglich eine enorme Tötungskraft dieses Geräts.

„Einziehen" bedeutet, dass Menschen eingezogen werden. Woher? Aus ihrem ganz normalen Leben. Wohin? In eine Kaserne, ein Zwangshaus, also zum Militär. Dort werden sie ihres Menschseins entkleidet, indem sie „freiwillig" mit jedem Hackenknallen und Gleichschritt ihre Persönlichkeit abgeben und vom Menschen zu einem Objekt, mit dem irgendwas (nahezu alles) gemacht werden kann. Und was wird dort mit ihnen gemacht? Sie werden ausgebildet, also *qualifiziert*. Sie lernen dort ein Handwerk, werden also zu Handwerkern. Hört sich doch nicht schlecht an, oder? Das Handwerk besteht darin, Menschen und von diesen geschaffene „Lebensmittel" zu *zerstören*. Toll! Die Zerstörung eines Menschen heißt Mord, Tötung, Totschlag. Um die „Eingezogenen" und uns nicht abzuschrecken oder gar Widerstand gegen diese Art Qualifizierung entstehen zu lassen, nennt man sie nicht der Wahrheit entsprechend *Mörder, Töter* oder *Totschläger*, sondern *Soldaten*. Ein Soldat ist jemand, der Sold erhält, also entlohnt bzw. bezahlt wird; nämlich dafür, dass er sich zum Mörder, Töter und Totschläger ausbilden lässt und sein *„Handwerk"* überall widerspruchslos ausübt, wohin er befohlen wird (als Auftragsmörder). Die „Arbeit" eines Soldaten ist das Töten. „Alles Militärische ist Menschendressur; wer gern eine Uniform trägt, ist letztlich ein Idiot, den kein Motiv rettet" (Dieter Hildebrandt). So können wir ohne Übertreibung auch sagen: „Dumm tötet besser".

„Kollateralschäden" (meist zivile Kriegsopfer), „Stabilisierungs- und Unterstützungskräfte", „Stabilisierungseinsätze" (wenn Soldatinnen und Soldaten zum Morden geschickt werden). „Finaler Rettungsschuss", „harsche Verhörmethoden" (nichts als Folter),

„Der Konflikt", „Mission zur Friedenssicherung". „Friedensein-satz". Diese Gehirnwäsche-Wörter dienen zu nichts als unserer Verdummung; und indem wir sie selbst benutzen, also nachplap-pern, werden sie zu unseren eigenen Denkwerkzeugen und wir schließlich zu unseren eigenen Verdummern. Pervers, oder? Klar bei solchem sprachlichen Gelumpe ist aber stets: Wer Waffen herstellt, braucht den Krieg. Wer Waffen besitzt, will sie benut-zen. Für einen Krieg muss zunächst eine gewisse Opferbereit-schaft produziert werden. Dazu sind *„Lügen"* hervorragend geeig-net. Bei einem/jedem Krieg bleibt die Wahrheit zuerst auf der Strecke („auf der Strecke bleiben" heißt, erschossen zu werden). Und weil wir diese Lügen glauben, sterben weltweit in jeder Mi-nute ein bis zwei Menschen durch die Anwendung einer Waffe. In der gleichen Minute werden mindestens 15 neue Waffen produ-ziert. Die Tendenz ist eindeutig: Selbstvernichtung der Mensch-heit. Jeder der will kann es sehen. Leider verweigern wir uns die-sem sehen Wollen und machen genau mit dem weiter, was uns zu dieser Selbstvernichtung treibt – der Kapitalismus.

„Schadstoffemissionen" sind nichts als industrielle Luftver-schmutzung. „Sinkende Reallöhne sind >Ausdruck struktureller Verbesserungen< am Arbeitsmarkt" (Armuts- und Reichtums-Be-richt der Bundesregierung 2012). Auf solch eine Scheiße muss man erst einmal kommen!

Die US-Amerikaner nennen es *„Nahrungsmittelunsicherheit"*, wenn in ihrem Land über 35 Millionen Menschen hungern.

Bei den Nazis hieß es *„Endlösung der Judenfrage"* und meinte nichts anderes als die Vernichtung von Millionen Juden. Die Er-mordung geistig und körperlich behinderter Menschen nannten sie *„Euthanasie"* bzw. *„Gnadentod"*. Die Vergasungsanlagen und Verbrennungsöfen nannten sie *„Entwesungsanlagen* für *Sonder-behandlung"*. Das hört sich doch ziemlich gut an und ist bestimmt was Schickes; Sonderbehandlung eben. Man gönnt sich ja sonst nichts.

Heute wird gesagt *„Kriminelle Ausländer"*, *„Hartz IV-Schmarotzer"*, und immer noch *„Zigeuner"* statt „Sinti und Roma". Warum können wir nicht auf die abwertenden Fremdbezeichnungen von Menschen verzichten und ganz einfach durch deren Eigenbezeichnung ersetzen? Letztlich ist es so, dass zugleich mit der Verrohung der Sprache die Verrohung der Gesellschaft erfolgt. Beide, wie gesagt, bedingen sich.

Besonders Politikern ist ein „Doppeldenk" und „Neusprech" eigen, mit dem sie ihre Adressaten gehörig verdummen. Sie verwenden gern und oft zum Beispiel solche Wörter wie *zeitnah*; statt „gleich", „bald", „unverzüglich", „demnächst". „Zeitnah" sagt absolut nichts. Denn wann soll das denn sein? Da Zeit kein Ort ist, kann man ihr weder nahe noch fern von ihr sein.

„Ärgerlich ist, dass *die Mehrzahl meiner Zeit* draufgeht, um Verwaltung zu *managen"*. Reinstes Polit-Geschwafel. Was soll denn die *Einzahl* meiner Zeit sein?

„Deregulierung", Flexibilisierung", „Liberalisierung" und ähnliche Wörter aus dem politisch-ökonomischen Sprach-Baukasten bedeuten nichts Anderes als mehr zu arbeiten für weniger Geld in unsicherer werdenden Beschäftigungs-Verhältnissen.

Als *„Sozialbestattung"* wird heute ein Armenbegräbnis bezeichnet.

„Ehemalig" hat noch immer eine besondere Konjunktur. Allerdings nur dann, wenn es um die „ehemalige DDR" geht. Die Anwender dieser Wortverbindung sind sprachlich blind, weil politisch verblendet. Denn die Verwendung „ehemalig" in Verbindung mit irgendetwas setzt immer bereits voraus, dass es ein gleiches Irgendetwas auch gegenwärtig gibt. Dann könnte das Wort

„ehemalig" deutlich machen, welches der mindestens zwei Irgendetwas gemeint ist. Niemand käme richtigerweise auf die Idee, von einer „ehemaligen Weimarer Republik", einem „ehemaligen deutschen Kaiserreich" oder einem „ehemaligen Mittelalter" zu sprechen.

Vielfach wird denen, die die USA (zumeist zurecht) kritisieren *Antiamerikanismus* vorgeworfen. Aber niemand hat bisher gesagt und wird es künftig sagen können, was das überhaupt sein soll. Dieses Wort setzt unzweifelhaft das Wort *Amerikanismus* (der also zu kritisieren wäre) voraus, was es real aber gar nicht gibt. Es ist genauso leer, wie zum Beispiel Australizismus oder Asiatismus.

Oder nehmen wir das Wort *„Märkte"*, fast nur in der Mehrzahl gebraucht. Dabei handelt es sich nahezu ausschließlich um die sogenannten Finanzmärkte, die im eigentlichen Sinne gar keine Märkte sind, sondern dort werden Billionen von virtuellem Geld (das also real nicht einmal vorhanden ist) im Sekunden-Bruchteil von einem Börsenplatz zum anderen rund um den Globus geschickt, um mikroskopische Differenzen zwischen verschiedenen Währungen zum eigenen Vorteil aufzuspüren. Die „Entscheidungen" dafür benötigen gar keine Menschen mehr, sondern erfolgen vollautomatisch durch Computer-Programme. Die dahinterstehenden Banken, Firmen, Konsortien... werden *„Investoren"* genannt, obwohl sie gar nicht investieren, sondern tatsächlich nur wie in einem Casino spekulieren, also wetten. So erzeugen sie riesige Finanz-Blasen, die objektiv (also ob man es weiß/will oder nicht) unweigerlich mit katastrophalen Wirkungen für uns alle einmal platzen müssen.

Oder nehmen wir das Wörtchen *humanitär*: „Wer sich aus *humanitären* Gründen bei uns aufhält, soll zeitnah arbeiten dürfen" (Dokument der CSU, Ende 2014). „...die unmittelbaren humanitären Auswirkungen einer Nukleardetonation...". „Angesichts des dramatischen Ansturms tausender aus Tunesien kommender Flüchtlinge hat Italien den *humanitären Notstand* ausgerufen". Andauernd wird uns von irgendwelchen *humanitären* Katastrophen gefaselt. Man möchte denen, die solches Gewäsch absondern, im besten Fall Unwissenheit bescheinigen und damit eine gewisse Unzurechnungsfähigkeit. Denn wüssten sie, was sie sagen, wären das vorsätzliche Versuche zur Menschenverdummung. *Humanitär* stammt vom lateinischen Humanitas und bedeutet *menschenfreundlich*. Welche menschenfreundlichen Gründe mögen es wohl sein, aus denen Menschen zu uns flüchten? Dieses Wort wird in ausnahmslos allen Medien falsch benutzt. „…militärisches Eingreifen sei zum Scheitern verdammt und würde unumgänglich schwere humanitäre Folgen nach sich ziehen" (eine Übersetzung aus dem Russischen darüber, was Putin gesagt hatte). Über diese menschenfreundlichen Folgen können doch die bombardierten Menschen richtig glücklich sein. Hieraus siehst Du erneut, dass Journalisten wie auch Übersetzer nicht einen Fatz klüger sind als Du selbst. Wie auch, denn wir funktionieren nach den gleichen Systemgesetzen. Und wenn Du Dich an Mandeville erinnerst, diesen Hero der Aufklärung, weißt Du ja, dass das System keine klugen, also gebildeten Menschen gebrauchen kann. Das betrifft jede Ebene. Somit kannst du sicher sein, dass auch irgendein Generaldirektor oder Minister oder Milliardär oder Professor sprachlich nur den selben Käse von sich geben, wie Du. Man versteht sich eben.

„Jeder Dreck braucht eine Schleuder, die ihn verbreitet". (Volker Pispert).

Und genau auf diese Weise werden wir auch mit dem Wörtchen „*radikal*" für dumm verkauft. Radikal sind immer nur die Anderen, die „Feinde": „Schiiten-Prediger", „Islamisten", „Linke", „Rechte".

Niemals radikal sind „Unsere". Sie können bombardieren, morden, zerstören... und alles in Schutt und Asche legen, stets dient es nur dem Frieden, der Befriedung, der Sicherheit, dem Aufbau, der Unterstützung, den Interessen, dem Fortschritt und Wohlstand... Meine Empfehlung: Achte genau auf dieses Wort und ziehe es radikal in Zweifel. Erst so erlangst du einen Tiefblick in den damit servierten Text. Und was auf das Wort „radikal" zutrifft, kann 1:1 auch auf das Wort *extremistisch* übertragen werden. „Extrem" bedeutet ebenso wie „radikal" nichts als „äußerst". Keines der Wörter an sich ist negativ zu besetzen. Sie sind generell nur normaler Ausdruck eines sehr hohen Grades (sehr, äußerst, überaus, enorm, höchst) und können sich nahezu auf alles in unserem Leben beziehen (Liebe, Sport, Umweltverschmutzung, Kinderarbeit, Kunst, Gewalt...). Lediglich Politiker wollen uns permanent einreden, dass radikal und extrem was ganz Schlimmes seien. Wirklich radikal wäre es, die Politik selbst abzuschaffen; schlimm wäre aber auch das nicht.

„Nullwachstum" ist ebenfalls so ein Sprach-Dreck wie *„Weltverbrauchertag"*. Wer verbraucht denn die Welt?

„Arbeitskräfteentspannung" ist nicht etwa eine spezielle Art von Pausengymnastik, sondern bezeichnet schlicht *Entlassungen*.

„Datenabgleich" bedeutet inhaltlich nichts als *Bespitzelung*.

„Wer nicht bereit ist, eine Arbeit anzunehmen, bekommt einen *Malus*". Na immerhin, den bekommt er also; da kann er sich nicht beklagen! Malus stammt aus dem Lateinischen und bedeutet *schlecht*. Und zwar in jedem Fall. In diesem Satz meint es einen Abzug oder eine Strafe. Gesagt wird das natürlich nicht. Sollen sich doch die Deppen freuen, dass sie überhaupt etwas bekommen.

„Austeritäts-Politik". Dieses Wort ist total importiert und dient einzig der Verschleierung eines tatsächlichen Sachverhalts. Vom Griechischen übers Lateinische, Französische und Englische haben das schließlich auch die deutschen Polit-Neusprecher ausgebuddelt und zur Volksverdummung geeignet befunden. „Austerity" mit Betonung des „e" bezeichnet Sparpolitik. Inzwischen heißt es nichts als Druck zur massiven Kürzung öffentlicher Ausgaben für Ausbildung, Erziehung, Gesundheit, Renten... Sparen um den Preis der weiteren Verelendung der Menschen. Schrumpfungs-Politik.

„Wir müssen die Arbeitskosten in Deutschland attraktiv machen". In ordentlichem Deutsch heißt das, sie müssen sinken, also die Löhne und Versicherungs-Beteiligungen der Unternehmer. Für wen sind sie dann attraktiv?

Politiker wollen möglicherweise gar nicht verstanden werden; auch wenn längst klar ist, dass, wer nicht verstanden wird, auch nicht überzeugen kann. So faseln sie weiter mit *„evident"* statt einleuchtend, *„essentiell"* statt lebensnotwendig und bemühen gern auch *„Ressourcenproduktivität", „Konnexitätsprinzip", „An-teilskontingent", „Präventionskette"* oder *„Repowering", „Wei-terbildungsbeteiligungsquote", „Differenzierungskontingente"* und *„Umweltinnovationslabor".* Fazit: Es sind einfach nur gemeine, hinterlistige Arschlöcher und Dummschwätzer. Aber gewählte! Was natürlich auch sehr viel über die Wähler aussagt. Und Achtung, sie sind gefährlich! Je größer im sterbenden Kapitalismus die Probleme der Menschen werden, umso mehr zeigt sich, dass die Sprache Teil dieser Probleme ist und daher unsere besondere Aufmerksamkeit verlangt. Und jeder kann dabei mitmachen, da alle täglich mit der Sprache zu tun haben. Zu erkennen gilt, dass Sprache als *das* Denkwerkzeug auch eine Waffe ist. Als solche wird sie in der Politik auch prinzipiell eingesetzt. Wer die Sprache beherrscht, beherrscht! Wer die Sprache bestimmt, bestimmt! Sprache kolonisiert; warum sprechen die Kolonisierten die Sprache der Kolonisierer und nicht umgekehrt? Sprache manipuliert! Darum ist es wichtig, „meine Sprache" zu beherrschen, denn tagtäglich tobt ein Kampf um die öffentliche Meinung (unsere Köpfe). Wer die Information kontrolliert, kontrolliert die Macht. Wann immer Du einen Politiker hörst (egal ob von rechts, aus der Mitte oder von links), geh in Deckung, schalte Deine Ohren auf Durchzug und mach Dir Deine eigenen Gedanken, indem Du Deine eigene Situation und die Deiner Mitmenschen in Deiner Nähe zur Messlatte machst. Politik ist Teil des Problems und kann nie zur Lösung beitragen. Damit drängt sich die logische Schlussfolgerung geradezu auf: Die Lösung unserer Probleme kann nur radikal anti-politisch gelingen. Wer die Sprache der Herrschenden verwendet und nicht zu denen gehört (also die absolute Masse der Menschen), hat schon verloren, denn sie ist durch und durch verlogen. Man würde also selbst zum Lügner (Belüger seiner selbst).

„Was Ihr den Geist der Zeiten heißt, das ist im Grund der Herren eigner Geist" (J.W. v. Goethe, „Faust").

Apropos „Geist": Heute werden im *Duden* jene Wörter aufgenommen, die im deutschen Sprachgebiet über einen längeren Zeitraum „normale" Anwendung finden; vollkommen losgelöst von ihrer Eignung, Bedeutung oder gar ihres ideologischen Inhalts. Der Verstand bleibt hierbei also außer Betrieb.

„Deine Sprache ist Dein zu Hause, Deine Kultur" (Kanadischer Indianer).

Kleine Realsatire: Fragt der Journalist „Mein Herr, was ist das größere Problem im Land? Mangelndes Wissen oder Desinteresse?". „Weiß ich nicht. Ist mir auch egal."

Sprachgelumpe / Quaksprech

Hierbei handelt es sich buchstäblich um Sprechen ohne zu denken, also wie eine Ente zu schnattern. Das so Abgesonderte ist Unsinn, nichts als gequirlte Sprachscheiße. Und nur wir selbst sind dafür zuständig.

- „Tu ma die Omma winken".

- „Ich mach dich Messer".

- „Morgen geh ich Kino".

- „Ischwör Alter, isso".

„Ich denke mal, ...". Sie/er meint: „Na gut, ich werde jetzt einfach mal denken. Aber bitte nur als einmalige Ausnahme, denn ich denke sonst nie; ich weiß gar nicht so richtig, wie das überhaupt geht." Soll gesprochen/geschrieben werden, ist Denken lediglich eine Vorstufe. Entscheidend ist die Schlussfolgerung aus dem Denken; und diese wird dann sprachlich geäußert. *„Ich denke mal"*, ich hoffe, er freut sich". Alle, die diese irrsinnige Floskel benutzen, haben im jeweiligen Moment zum behandelten Thema weder eine Ansicht, noch einen Standpunkt oder gar eine Meinung bzw. Auffassung; sie plappern einfach nur. Wer so spricht, denkt auch so; nämlich auf armseligem, untersten Niveau.

„Die Stimmung ist *Gänsehaut* pur". Das ist gar kein Deutsch. Wie kann eine Stimmung Gänsehaut sein? Oder Fußschweiß? Oder Kuharschloch?...

„Und noch mehr *Gänsehaut* gibt es jetzt bei der Siegerehrung". Ich hörte noch nie davon, dass es bei einer Siegerehrung außer

Blumen, einem Pokal, einer Medaille, einer Urkunde auch Gänsehaut gegeben hätte. Da sträuben sich einem doch einfach die Haare.

„Die Pfeile konnten den Feind auf 150 m *wirksam* töten". Was wäre, wenn sie ihn unwirksam getötet hätten?

„Das fällt mir schwierig". Richtig: „Das fällt mir schwer", oder „Das ist für mich schwierig". Erfragt wird es mit *wie*. Es ist schwierig; ich finde es schwierig; immer dann, wenn es *kompliziert* und *unangenehm* wird (man also diese beiden Wörter statt des *schwierig* setzen kann und es viele Fähigkeiten erfordert, um eine Aufgabe zu lösen, *ist* es *schwierig*. Und auch im Umgang miteinander; wenn es *heikel* oder *sonderbar* ist, *ist* es *schwierig*. Noch einfacher: Wenn es zusammen mit *ist*, *war* oder *wird* steht, ist *schwierig* richtig. Sonst ist es einfach nur *schwer*.

„Ein Großteil des Mais wird verfüttert oder als Silage verwendet" (jemand vom Bauernverband). Der gesamte Satz ist purer Sprechmüll, sozusagen Dummsprech. Zunächst hieße es richtig *des Maises* Genitiv). Und zwischen verfüttern und einer Verwendung als Silage besteht überhaupt kein Unterschied, denn Silage wird ausschließlich verfüttert.

„Also *Schädelfluten* hat er sich auf jeden Fall verdient". (TV-Sport-Sprecherin zur olympischen Silbermedaille von André Lange). Man meint immer, dass es dümmer gar nicht mehr geht. Aber das ist ein Irrtum.

Allzu gern kramen wir sprachlich in unserer feudalen Vergangenheit, betreiben sozusagen *Sprach-Absolutismus*. Warum? Weil wir zu faul sind um nachzudenken. So lesen und hören wir dauernd „Immobilien-Mogul", „Partei-Oligarchen", „Finanz-Tycoon", „Aluminium-König", „Mode-Zar". Gemeint sind stets „Großherr-

scher", „Spekulanten", „Großunternehmer" mit Herrschpoten-
tial. Aber statt eines der Wahrheit entsprechenden Wortes, fallen
uns oft lediglich noch Tiernamen ein: „Bau-Löwe", „Immobilien-
Hai", „Finanz-Geier"...

Und wenn uns gar nichts mehr einfällt, sprechen wir ganz normale
deutsche Wörter – einfach mal so – falsch aus. *Oppa, Omma,
Spass, die virrte Klasse, schonn, Soffa, Krebbs* oder *verkührzt*,
das, wenn so gesprochen, aber verlängert wird; wirklich verkürzt
ist es, wenn es richtig gesprochen wird und zwar *„verkürrzt"*.
Diese Wortverstümmelungen verpasst uns hervorragend das
Fernsehen. Dort kommen überwiegend aus dem westlichen deutschen Sprachraum stammende, ihre Mundart sprechende, von
Hochdeutsch wenig Ahnung habende Menschen zu Wort, die
eben bereits an dem einfachen und schönen deutschen Wort
„Opa" scheitern. Und die ebenso blöden Zuschauer nehmen diesen Sprachquark ohne eigenes Nachdenken nachplappernd auf.

Viele Menschen, wenn sie in den Urlaub gehen, fliegen. Und womit fliegen sie? Mit dem *Flieger.* Damit meinen sie blöderweise
das Zeug/die Maschine in dem/der sie transportiert werden. Der
Flieger ist aber ausschließlich der Pilot/der Mensch. Die Maschine
heißt Flugzeug!

„Die USA" (die Vereinigten Staaten von Amerika), „die Nieder-
lande", „die Philippinen", „die Bahamas", die Seychellen", „die Sa-
lomonen", die Vereinigten Arabischen Emirate", jedes dieser Länder existiert nur in der Mehrzahl. Somit kann es gar nicht heißen,
„die USA *hat* die meisten Atomwaffen", sondern, die USA *haben*
sie. Und weil viele Medien-Sprach-Deppen davon keine Ahnung
haben und uns gerade die USA täglich in Form der Einzahl um die
Ohren hauen, übernehmen auch immer größere Teile der Bevölkerung diesen Schwachsinn.

„China rüstet weiter auf. Sie wird zur Supermacht auf den Welt-meeren". Was soll denn dieses „Sie" meinen? „Die China"? Rich-tig: „... *Es* (das China) wird zur Supermacht..." (obwohl auch das rein faktisch sehr anzuzweifeln ist).

Ebensolcher Sprech-Nonsens ist es, wenn immer wieder gesagt wird, „*Das macht Sinn*". Wir stimmen gewiss schnell überein, dass es nicht um unsere fünf Sinne geht, die gemacht werden sollen (Sehen, Hören, Riechen, Schmecken, Fühlen/Tasten), sondern um einen Sinn als „Bedeutung". Dabei können wir nichts von alldem „machen"; auch Bedeutung nicht. Bedeutung kann nur in unse-rem Gehirn (als Gedanke) existieren, nicht außerhalb. So kann es stets nur richtig heißen: „das hat/erhält/bekommt Sinn". In die-sem Sinne ist das Gegenteil von „Sinn" (Bedeutung) „Unsinn" (ohne Bedeutung). Jeder Mensch ist ein Zufallsprodukt der Natur, die mit ihm nichts Besonderes vorhat. Er ist an sich eine Nichtig-keit ohne Zwecksinn. Damit wollen wir uns natürlich keinesfalls abfinden. So fantasieren wir uns als „Krone der Schöpfung" zu-recht und erfinden für unsere Existenz einen Sinn. Da jedoch real gar nicht vorhanden, liegt somit der „Sinn des Lebens" nur als Ge-danke in jedem von uns selbst. Jeder gibt dem Leben *seinen* Sinn.

„Ich hab' mal *eine Uhr angezogen*". Da eine Uhr nicht zur Kleidung gehört (keine Kleidung ist), kann man sie auch nicht anziehen. Man kann sie umbinden, tragen, einstecken, wegwerfen... Ebenso wie beim „ich bin gesessen" verläuft auch beim „anziehen" eine Sprechgrenze zwischen den südlichen und nördlichen Teilen des deutschen Sprachraums. Während man im Süden gewissermaßen alles, auch das was nicht zur Kleidung gehört (Uhren, Mützen, Schals, Fingerringe, Halsketten, Brillen...) anzieht, trägt man sol-che Sachen im Norden, bindet sie um oder steckt sie an. Da ich aus dem nördlicheren Deutschland stamme, schmerzen regel-recht meine Ohren, wenn jemand zum Beispiel sagt, dass er „eine

Brosche anzieht". Oder bei einem Satz wie: „Der Spieler, wo gerade geschossen hat". Oder: „Das ist dann immer, wo ich dann denke, na ja". Das mit dem Denken ist wohl bei solchen Sätzen, na ja, komplett in die Hose gegangen. Viele sagen statt Kleidung „Anziehsachen". Leider liegen sie damit nur zur Hälfte, zu (50%), richtig, denn Kleidung besteht zur anderen Hälfte (ebenfalls 50%) aus „Ausziehsachen". Welche Hälfte jeweils was ist, bleibt ewig im Dunkeln, denn jedes Kleidungsstück ist immer potentiell zugleich sowohl eine Anzieh- als auch Ausziehsache. Die konkrete Tat entscheidet, was ein gegebenes Kleidungsstück im betrachteten Moment dann wirklich ist. Ein bis jetzt getragenes, also angezogenes Hemd, also die Anziehsache, wird mit dem Beginn des Vorgangs des Ausziehens zur Ausziehsache. Stets jedoch ist es Kleidung/Bekleidung. Bleiben wir doch einfach dabei.

„In Deutschland ist jedes 10. Kind ein Kuckuckskind". Da wundert einen doch gar nichts mehr. Ich möchte nicht wissen, wie viele Kinder Kuh-, Schafs-, Ziegen- oder gar Hundekinder sind. „Ein bisschen Spaß muss seinnn…"

Sozial schwache Familien!? Vielfach in den Medien benutzt. Gemeint sind Familien mit geringem Einkommen. Sind sie aber deshalb sozial schwach? Oder sind das nicht eher Bankmanager, Steuerhinterzieher oder für ihre unsoziale Politik verantwortliche Parteifunktionäre? Lass Dir also diesen absichtsvollen Schwachsinn nicht einreden.

„Damit eröffnete sich zusätzlich der Weg zu kleinen Sprengköpfen, die auf *langreichweitige* Raketen gesetzt werden konnten". (Diese blödleerdenkige Kopfgülle wurde von einem Angestellten der Technischen Universität Darmstadt abgesondert, der sogar ein „Dr." vor seinem Namen stehen hat).

„Du hast es nicht *super* gesungen, sondern *mega hammer*". (Bruce Darnell). Bruce ist bestimmt ein prima Kerl. Er stammt aus den USA und die deutsche Sprache ist nicht leicht für ihn. Am besten gelingt das Sprechen, wenn man in seiner Umgebung Leute hat, die selbst gutes Deutsch sprechen können. In dieser Hinsicht hat Bruce offensichtlich (offen hörbar) ziemlich tief in die Scheiße gefasst. Das Wort „super" drückt *zusammen mit* anderen *Wörtern* deren   Verstärkung aus (ebenso wie „sehr" und „äußerst"): „superbequem", „superweich"... oder „Supertalent", „Superstuss"... Als Lernbrücke kann man sich merken, für „super" jeweils „sehr" für die Verbindung mit Adjektiven (Eigenschaftswörter) und „äußerst" für die mit Substantiven (Dingwörter) einzusetzen. Machen wir die Probe: „Du hast es nicht „sehr" gesungen, ..." würde niemand sagen, denn man kann gar nicht „sehr" singen; also sollten wir auch das „super" hier bleiben lassen, oder es mit einem anderen Wort verbinden, wie „supergut", „superschlecht", „superlaut"... Und wie steht's mit dem Bruceschen „mega hammer"? Zunächst: „mega hammer" wird hier tatsächlich klein geschrieben, denn es ist die Antwort auf die Frage, *wie wurde gesungen*. „Mega" ist eine griechische *Vor*silbe; im Deutschen benennen wir sie als Erstglied. Ihm muss ein Zweitglied folgen. Alleinstehend bedeutet es das Gleiche wie „super" (sehr, äußerst), beides lässt sich nicht steigern. Für Bruce ist das „mega" in seinem Satz eine Verstärkung/Steigerung von „super"; real ist es das aber nicht. Und obwohl Bruce richtig vermutet, dass dem „mega" noch ein „Zweitglied" folgen muss, sucht er sich zielsicher gerade ein nichtpassendes aus: „hammer". Wie soll sich denn ein „äußerst hammer" gesungenes Lied anhören? Ableitungen von anderen Werkzeugen „feile", „säge", „bohrer"... haben beim Singen ebenfalls nichts zu suchen. So hätte Bruce einfach sagen können: „Du hast sehr gut gesungen". Besser als „sehr gut" geht in der deutschen

Sprache nicht. Und auch bei diesem einfachen und gut zu verstehenden Satz hätte er so wohltuend wie gewohnt weinen können. Lieber Bruce, das zu schreiben war mir wie ein halber Polterabend.

„Ich finde das total super". Sie findet es also *alles sehr*. Und was sagt sie uns damit? Sie sagt uns, wie blöd sie im Bezug auf die deutsche Sprache ist und wie verkorkst sie denkt.

„Hier ist das Fell der Hunde am liegen"; „Ich bin die Wäsche am Bügeln bei"; Diese ländlich begrenzte, etwas dümmliche Sprechweise des Deutschen verdient keinen Kommentar.

„Keiner vertraut Keinem" ist Nonsens. Eine doppelte Verneinung ist stets eine Bejahung. Somit bedeutet dieser Satz: „Alle vertrauen Allen". Richtig: „Keiner vertraut jemandem". Besser: „Niemand vertraut einem Anderen".

„Da macht man sich auch *unterm* Wettkampf Gedanken". Typisches Sprachgelumpe.   Unter der Voraussetzung, dass eine Wettkampfstätte unterkellert ist, kann man sich dort, im Keller, auch unterm Wettkampf Gedanken machen. Ansonsten geht das nur *vor* einem Wettkampf, *in* ihm oder *während* des Wettkampfs und auch noch *nach* dem Wettkampf; sprachlich jedoch nicht über, unter oder hinter ihm. Denn das sind Ortsbestimmungen. Sie können nicht als Zeitbestimmungen benutzt werden.

Gleiches gilt auch hier: „Die Frauen arbeiten hart unter der Geburt". (Hebammen). Dieses unterm Geburtstisch stattfindende Herumgekrauche können wir uns gut vorstellen, sogar sehr gut!

Auch in Verbindung mit Tag, Woche, Monat und Jahr wird dieses „unter" oft, jedoch deshalb nicht richtig gesprochen. Insbesondere in den westlichen Bundesländern mag man dieses Sprachgelumpe. Sich aber *unter* einer Zeitspanne befindlich zu denken ist individuell zwar möglich aber es dann auch noch zu sprechen eher dumm. „Unter der Woche" ist nichts Anderes als „unter gestern", „unter morgen". Aber Dummheit kennt keine Grenzen. So wird ernsthaft von *„zwischen den Jahren"* gesprochen, wenn die Zeit zwischen Weihnachten und Neujahr gemeint ist. Die fünf Tage vom 27. bis 31. Dezember werden auf diese Weise sprachlich aus dem Jahr entfernt. Den Sprechern ist das allerdings scheißegal. Ihr Sprechen erfolgt ja außerhalb von Denken. Also gilt: Hauptsache, es ist alles egal.

„Der hat *abgefahrene* Sachen hier". Das, was gesagt wird, ist garantiert nicht gemeint. Ebenso könnte man sagen: sitzengebliebene, tiefgetauchte, weitgesprungene oder zugeknöpfte Sachen.

„Er ist einer Pferdefamilie entsprungen". (TV-Sport; über einen niederländischen Eisschnellläufer). Da hat er ja noch einmal Glück gehabt, denn es hätte schlimmer kommen können, wenn er nämlich einer TV-Reporterfamilie entsprungen wäre.

„Mann, ist das abgefahren!". Aber was ist abgefahren, ein Fahrrad oder ein Dreirad, ein Pärchen, ein Kind und wohin fuhr es und warum eigentlich? „Abgefahren" auf diese Weise zu gebrauchen ist also Nonsens.

„Der Bäcker bäckt das Brot". Richtig: „Der Bäcker *backt* das Brot" sprachlich genauso, wie er auch *kackt* und nicht „käckt".

Sehr zäh halten sich auch „Kräne" im täglichen Sprach-Gebrauch, obwohl bereits seit über 60 Jahren im Duden „Krane" als Mehrzahl von „Kran" steht. Ebenso wird immer wieder „gewunken" statt gewinkt und die Sonne hat „geschienen" statt gescheint. Wenn etwas eine bestimmte Dicke hat, wird das zum Beispiel mit „6 *mm stark*" benannt. Irgendein Maß kann aber gar nicht stark sein. Stärke hat nur etwas mit Energie/Leistung/Kraft zu tun, die ich zum Beispiel aufbringen muss, wenn ich das 6 mm dicke Material verbiegen will. Dieser Zusammenhang wurde sogar schon den Lehrlingen, die in den Jahrzehnten vor dem Zweiten Weltkrieg einen Metallberuf erlernten, von ihren Lehrmeistern beigebracht.

„Nur ernstgemeinte Interessenten sollen sich bitte bei… melden". Wie ernstgemeint kann denn ein Interessent sein?

„Hier kommen wir mal zu den Sachen, wo gängig ist". (TV-Verkaufssender). Nichts als gequirlte Scheiße.

„Tilly, du hast `ne *Mörderstimme*". Genau so denkt also der Sprecher dieses Satzes auch. Es kann direkt gewettet werden, dass er im Zusammenhang mit einer sehr guten, mitreißenden, bewegenden, beeindruckenden… Stimme all diese Möglichkeiten nicht, sondern nur „Mörder" kennt; ein Idiot eben.

„Wir versuchen nochmal die *Schalte*". (TV allgemein). Ebenso versuchen sie im TV immer wieder die *Denke*. Offensichtlich gelingt ihnen das aber nur ganz selten. Prognose: Je mehr „Versuche", desto weniger Erfolg.

„Hast du viel trainiert? Nein, ich hab' ja *irgendwie* zwei Kinder". Wenigsten hat sie sie irgendwie. Oder hat sie sie nicht (alle)?

„Es ist nicht getürkt, ähh – gefegt/„*gefaked*"/. (TV, Schauspieler Michael Kessler). Er sucht und sucht und kann oder will die einfachen deutschen Wörter *gefälscht* oder *vorgetäuscht* nicht finden. So geht es leider sehr vielen Menschen, die den deutschen Alltagswortschatz ohne Gegenwehr von insbesondere englischen Wörtern infiltrieren lassen. Es geschieht ihnen von klein auf und sie können so nicht einmal merken, dass ihnen etwas fehlt. Dass diese sprachliche Unterwerfung schon bis zur Ebene der immerhin in gewisser Weise noch etwas sprach-intelligenteren Schauspieler vordringen kann, ist nur ein Indiz dafür, wie breit ramponiert unsere deutsche Sprache bereits in Wirklichkeit ist.

„An Weihnachten". Dieser Sprachkäse wird gern im westlichen deutschen Sprachraum gesprochen. Richtig: *„Zu Weihnachten"*. Es begab sich *zu* dieser Zeit (*zur* nämlichen Zeit), als das Eis auf den Bächen taute... „An", „bei", „in" Weihnachten ist sprachlich gemurkst.

wie und *als*

sind seit langem zwei kleine Wörter in der deutschen Sprache, bei deren Gebrauch offensichtlich die meisten Deutsch sprechenden Menschen ein Problem haben, denn sie verwechseln sie oder verwenden sie im falschen Zusammenhang. Dabei sind die Sprechregeln hierfür ziemlich einfach:

Wenn Gleiches verglichen werden soll, wenden wir das „wie" an, eigentlich das *„so wie"* oder *„genauso wie"*. Beispiele: „Dieser Winter ist genauso kalt *wie* der vergangene". „Es ist so, *wie* ich es euch gesagt habe". „Ich bin neunmal so klug *wie* ihr".

Wenn das Verglichene aber unterschiedlich ist, also besser, höher, breiter, klüger..., verwenden wir das *„als"*. Früher gab uns unser Deutschlehrer folgenden Tipp: In solchen Vergleichssätzen folgt einem Wort das auf „r" endet immer das „als". Beispiele: „Dieser Sommer wird noch viel heißer *als* der vergangene". „Es ist weitaus komplizierter, *als* ich gesagt habe". „Ich bin neunmal klüger *als* ihr".

„Die ärmsten 20 Prozent der Bevölkerung sterben im Durchschnitt zehn Jahre *früher als* die reichsten 20 Prozent". (Paritätischer Wohlfahrtsverband, 2012). Sprachlich wie faktisch ist an diesem Satz einmal nichts auszusetzen. Allerdings stellt sich hier unausweichlich die Frage nach den Konsequenzen, die der Verband eben nicht stellt: Die Ärmsten müssen reich werden, um länger leben zu können. Es wird also nichts nützen, die Reichen arm zu machen.

„Ich war sauer, wie Kati weg war". Richtig: „...*als* Kati...".

Erinnern

Ein zunehmend falsch eingesetztes Wort. Weiter unten werde ich viele Beispiele der englischen Sprachinvasion ins Deutsche vorstellen. Mit dem *Erinnern* will ich hier gewissermaßen als Vorgeschmack beginnen. „Ich erinnere, dass es mir damals schlecht ging". Diese Sprechform haben wir vollkommen gedankenlos aus dem Englischen in unsere Sprache übernommen, obwohl das im Deutschen nur als Nonsens (ohne Sinn) erscheinen kann. Da die Sprecher in diesem Zusammenhang gar nicht denken, sondern Aufgeschnapptes nachplappern, merken sie den von ihnen gesprochenen Quatsch noch nicht einmal.   „I remember, that..." bedeutet im Englischen, dass ich *mich daran* erinnere, dass... Im Deutschen ergibt das aber solange keinen Sinn, bis ich auch direkt sage, *wen* ich erinnere (mich, dich, uns oder jemanden). Der deutsche Satz wird einfach anders gebildet als der Englische. Was hilft uns? Besser Deutsch und Englisch lernen.

Lispeln

Der deutsche Sprachraum ist voller Menschen, die einen erheblichen Teil des deutschen Alphabets nicht richtig aussprechen können. Richtig meint, den feststehenden Ausspracheregeln entsprechend. Abgesehen davon, dass es in manchen deutschen Mundarten jedem Sprecher Probleme macht, D und T, B und P oder auch G und K nicht zu verwechseln, ist allen deutschen Sprachregionen gemeinsam, dass ihre Sprecher mit den sogenannten

Zischlauten (s, z, tz, sz, ts, ks, iks, chs) arge Probleme haben. Diese gehören zu den schwierigsten Lauten unserer Sprache. Ihre Beherrschung erfordert einen höheren Lernaufwand, der in sehr vielen Familien verweigert wird. Es kommt u.a. auf eine richtige Stellung der Zunge zu den Zähnen an, auf die richtige Strömung der Atemluft und sogar auf den richtigen Atemdruck. So haben viel zu viele Kinder im Vorschulalter diesen Sprechfehler, der Lispeln genannt wird (lat. Sigmatismus). Dieser Sprechfehler ist mit einem gewissen Aufwand gut behebbar. Dabei helfen die sogenannten Sprecherzieher (Logopäden), mit solchen Sätzen als Hausaufgabe wie: „Der Frosch sitzt am See". Noch viel zu wenig Eltern schicken ihre betroffenen Kinder zu diesen Helfern. Oft erkennen sie nicht einmal, dass ihr Kind diese Lautbildungsstörung hat, da sie selbst lispeln wie auch bereits ihre Eltern. Außerdem hört sich ja das Lispeln bei unseren Kleinen sooo niedlich an. Wenn das „Kind" dann aber 30 Jahre auf dem Buckel hat oder noch mehr, ist sein Sprechen längst nicht mehr niedlich, sondern nur noch bescheuert, ein Ausdruck seines sprachlichen Unvermögens, seiner Lernfaulheit und seines fehlenden gut sprechenden Umfelds, dass auf die Sprechfehler aufmerksam macht.

Die TV-Köchin lispelt: „Seezunge mit Risotto". Köstlich! „Macht zusammen zwanzig". „Wegen dem Salz, ja?" „Ja, wegen das Salz". Hä?

Die Zeit für eine erfolgreiche Sprechkorrektur ist unmittelbar nach dem Zahnwechsel. Wir sind derzeit das Land der Lispeler. Gefühlt lispelt mehr als die Hälfte der deutschen Sprecher. Sogar im Fernsehen gibt es kein Format, dass ohne Lispeler auskommt. Besonders deutlich wird das in den Nachrichten-Sendungen. Dort gibt es zum Beispiel manche Sprecherin, die ihren eigenen Namen nicht richtig sprechen kann. Möglicherweise trügt der Eindruck nicht, dass verschiedene Angestellte dort gerade *wegen* ihres Lispelns eingestellt wurden, um dem Publikum ein wenig entgegen zu kommen. Es versteht sie womöglich sonst gar nicht.

Die Zischlaute finden sich in etwa einem Drittel unserer Wörter. Wer also lispelt, kann nahezu jedes dritte Wort unserer deutschen Sprache nicht richtig sprechen. Da die Sprache unser Denk-Werkzeug ist, kommuniziert ein Lispeler gewissermaßen mit verrostetem, vergammeltem, jedenfalls fehlerhaftem Werkzeug. Handelte es sich um einen Handwerker, würdest Du ihn mit solchem Werkzeug nicht ins Haus lassen. Bei den Sprach-Handwerkern im Radio und Fernsehen ist Dir das aber vollkommen egal. Warum?

Tierliebe

Die sprichwörtliche Tierliebe der in den deutschsprachigen Gebieten lebenden Menschen lässt sich sogar messen; besonders gut zu Weihnachten – in Kilowattstunden! „Tiere gehören nicht auf den Gabentisch"; darin sind sich nahezu alle einig, aber zugleich auch darin, dass sie als Leichen in die Pfanne, den Topf, Ofen und schließlich in Einzelteilen auf den Festtagstisch gehören. Friede auf Erden. Das gilt aber keineswegs für die Tiere. Jesu Geburtstag – ein einziges Schlachtfest. Jeweils am 25. Dezember registrieren zum Beispiel die deutschen Energieversorger einen um ca. 35 Prozent höheren Stromverbrauch als gewöhnlich – sie nennen es die Gänsebraten- Spitze. Sti hil le Nacht, hei li ge Nacht!

Bevor wir mit unserem Sprach-Niedergang weitermachen, möchte ich, gewissermaßen als kleine Atempause, noch ein paar abschweifende Gedanken anbieten:

So Gesagtes

Beherrscht man die Sprache eines anderen Menschen, lächelt man ihn damit an.

„Dumme Gedanken hat jeder, nur der Weise verschweigt sie" (Wilhelm Busch).

Die Abwärtsentwicklung unserer deutschen Sprache ist die Zerfallserscheinung unserer Sozialität.

„Das Zeichen eines Heuchlers ist ein dreifaches: Wenn er spricht, lügt er, wenn er verspricht, hält er nicht, und wenn er vertraut, fürchtet er" (Mohammed, 570-632 u.Z.).

„Wer zweifelt, der denkt, und wer denkt, der ist" (René Descartes). Daraus wurde diese Sicht des Philosophen sogar sprichwörtlich: „Ich denke, also bin ich".

Jede Gesellschaft bekommt die Sprache, die sie verdient.

„Sprechen ist eine bestimmte Form des Ausatmens".

„Eine Sache denken zu können, heißt, zugleich auch ihr Gegenteil mitdenken zu können" (Dietmar Dath, Autor).

Durch entsprechende Tests wissen wir seit 2009, dass diejenigen, die schon in der Jugend bessere Sprachkenntnisse besitzen, an ihrem Lebensende nicht an Gedächtnisproblemen leiden.

„Der Vorteil der Klugheit besteht darin, dass man sich dumm stellen kann. Das Gegenteil ist schon schwieriger" (Kurt Tucholsky).

„Wenn das Denken die Sprache verdirbt, kann auch die Sprache das Denken verderben" (George Orwell).

Wir müssen *erkennen* und *begreifen*, dass alles in der Welt, auch das was uns stört, mit uns selbst zu tun hat.

Zivilisation. Barbarei. „Zivilisation ist nicht das Gegenteil von Barbarei, sondern Barbarei ist das Wesen der Zivilisation". (Margaret Killjoy US-Anarchistin).

„*Töten* im Krieg ist nach meiner Auffassung um nichts besser als gewöhnlicher Mord" (Albert Einstein in einem Brief an US-Präsident Roosevelt).

Integration. Wo niemand ausgegrenzt ist, muss auch niemand integriert werden. Zudem ist Integration etwas völlig Alltägliches für uns alle, also nicht nur für Zuwanderer. Sie ist ein vielfältiger Prozess, der ein Leben lang anhält. Integration an sich ist eine unserer Daseinsformen als „Herdentiere".

Vorurteile. Sie gedeihen am besten unter gesellschaftlicher Anleitung. Ihnen folgt unausweichlich das Urteil.

Die Mehrzahl von Wort heißt Wörter. Mit Worte bezeichnen wir einen zusammenhängenden Gedanken, der aus mehreren Wörtern besteht.

Beifall ist nicht gleich Beifall. Hierbei gibt es feine Differenzierungen: Zunächst klatschen wir nur, wie zufällig und unkoordiniert die Hände zusammen. Dann steigern wir: Starker Beifall (bis die Hände ganz rot werden und zu schmerzen beginnen), anhaltender Beifall (wir scheißen auf die Schmerzen und halten lange durch), langanhaltender Beifall, stürmischer Beifall (besonders beliebt auf Parteitagen, deren Erfolg von den Medien sogar oft an der Dauer solchen Beifalls gemessen wird), rhythmischer Beifall (vorwiegend bei jeglicher Musik. Mit dieser Anstrengung versucht das Publikum, die Musiker aus dem Takt zu bringen). Das alles lässt sich aber noch weiter steigern: Hochrufe, Sprechchöre (sehr verbreitet in Fußballstadien), „8 – 9 – 10 – Klasse", „es lebe Deutschland". Ab hier ist es nicht mehr weit zu verbreitetem Patriotismus, Nationalismus und schließlich den Gebrauch von Feuerwaffen; Krieg eben.

Werbung

Dieses kapitalistische Phänomen macht Menschen zu Sklaven, nämlich zu Sklaven fremder Wünsche, die sie auch noch für die eigenen halten. Über die Werbung finanzieren Wirtschaft und Politik die Massenmedien. Diese pflanzen dann die Meinung der sie Bezahlenden in die Köpfe der Menschen. Die auf diese Weise Manipulierten bemerken das nicht einmal und halten das ihnen Eingeträufelte sogar für ihre eigene Meinung. Und: Mit dem Kauf der ihnen durch ebendiese Werbung befohlenen Waren, bezahlen sie die ihnen angetane Manipulation auch noch selbst. Pervers, oder?

Das pausenlose Trommelfeuer der Werbung und medialen Berieselung erfasst als visueller Andrang und akustische Glocke den gesamten öffentlichen Raum und trägt insofern terroristischen Charakter, als sich niemand diesem unendlichen Gesabber und seiner unverschämten Zudringlichkeit entziehen kann. Was hier wie ein Trommelfeuer „feindwärts verbreitet" wird (und tatsächlich ist jeder des anderen Feind im Kampf um Kundschaft, Arbeitsplätze, Karrieren, Prestige, „Lebensraum" usw.), das geht weit über seine militärischen Anfänge im „totalen Krieg" hinaus (Robert Kurz). Schlimmer noch als die ständige Nötigung, irgendwas zu kaufen, ist die individuelle Verinnerlichung der Werbung selbst und ihrer Formen, die zum als normal empfundenen Lebensinhalt wurden. Ein anderes Leben ohne diesen ununterbrochenen Terror können wir uns gar nicht mehr vorstellen. So sind wir die perfekten System-Idioten, deren Empfindungen sogar nach Bedarf steuerbar geworden sind.

Eines der häufigsten Schwindelwörter in der Werbung ist „kann". Außer in der Werbung wird es häufig auch in den Bereichen Pharmazie, Medizin, Gesundheit, Sport und Politik für die größten Lügen benutzt. „Kann" heißt stets: Möglich ist es vielleicht, aber sicher auf keinen Fall.

TV-Werbung: „Den Sport präsentierten ihnen die Dachrinnen von...". Tja, was Dachrinnen nicht alles können!

Die ständig über allem gellende Glocke der Werbung wirkt z. B. gerade im TV allein schon durch die stets benutzten Pausen-Wörter „jetzt" und „gleich" ziemlich verblödend. „Jetzt" bedeutet in diesem Augenblick, zu diesem Zeitpunkt, just, nun, soeben. „Gleich" bedeutet nahe am jetzigen Moment. Das viel benutzte Doppel „jetzt gleich" kann es real gar nicht geben; entweder erfolgt etwas jetzt, also ohne einen Verzug, oder gleich, also mit sehr geringem Verzug. Beides zusammen ist folglich nichts als ein Hirngespinst der Dumpfbacken in der Werbewirtschaft.

Werbeanzeige zum Wäschewaschen: „Jetzt sogar kochfest bis 95°". Absoluter Schwachsinn, denn Wasser kocht bekanntlich erst ab 100°.

Gerechtigkeit

ist ein insbesondere von gewerkschaftlichen und links-politischen Schwachköpfen nahezu inflationär gebrauchtes Wort, von dessen realer Bedeutung seine Benutzer nicht die Spur einer Ahnung haben. Die Forderung nach „gerechten Preisen", „gerechtem Lohn", „gerechter Verteilung" ist ökonomisch der bare Unsinn. Gerechte Preise gibt es ebenso wenig wie eine gerechte Gravitation oder einen gerechten Luftdruck. Das Zusammenleben im Kapitalismus erfolgt in der Form des Rechts (Rechtsstaat, Demokratie, „Arbeit", Warenproduktion, Geld, Kapital, Markt, Konkurrenz, Staat, Politik), das heißt in der Form von Gerechtigkeit/Ungerechtigkeit. Das wiederum heißt, jede Gerechtigkeitslosung ist eine Innerkapitalistische und betrifft nichts als kaufen und verkaufen und die hier in Klammern gesetzten Begriffe sind nie verhandelbar, sondern allem als „natürliche" vorgelagert. Seit Ende der 70er Jahre löst sich das warenproduzierende System mit allen seinen Bestandteilen auf und mit ihm unabwendbar natürlich auch die Rechtsform. Gerechtigkeit und Ungerechtigkeit verschwinden also, wie wir alltäglich als Zerfall von immer mehr Staaten in den Medien vorgeführt bekommen. Die hartnäckige subjektive Anrede eines subjektlosen Bezugssystems kann den Untergang nur beschleunigen. Erst recht droht es die Grenze zum Schwachsinn zu überschreiten, wenn die galoppierende Zerstörung der Naturgrundlagen und der Kampf dagegen in die Kategorien von Gerechtigkeit und Ungerechtigkeit gefasst werden.

Die Aufgabe besteht darin, die vorhandenen Produktivkräfte und Ressourcen nach Maßstäben ihres sinnlichen Inhalts gesellschaftlich zu reorganisieren, das heißt, sie von ihrer fetischistischen Warenform zu befreien. Das geht nur, wenn die Ressourcen nicht mehr die Form von Geldpreisen annehmen und das Zusammenleben nicht mehr die Form des Rechts, das heißt der Gerechtigkeit/Ungerechtigkeit.

Totenstille

Diese gibt es als Wort, „Lebensstille" nicht. Und das hat Ursachen. In dieser Gesellschaft brauchen wir den Lärm, obwohl die UNESCO bereits 2009 wusste, dass er eine der gefährlichsten Zerstörungskräfte ist. Wir brauchen ihn, weil wir unbedingt sagen wollen, was wir für Denken halten. Da das alle wollen, können sie nur durch immer rigideren Einsatz ihrer Stimmkraft aus dem allgemeinen Lärm etwas hervorlugen. Sie betreiben Weltverschmutzung per Stimmkraft. Jeder kennt das: Du sitzt in irgendeiner Runde am Tisch. Mehrfach hast Du schon versucht, auch einmal etwas zum allgemeinen Gerede beizutragen. Vergebens, denn Deine Stimme ist einfach zu leise. So wirst Du an den Rand gedrückt. Was Du sagen willst, interessiert hier niemanden. In jeder solchen Runde gibt es stets Leute, die mit ihrer lauten Stimme alle anderen übertönen. Und obwohl sie am Tisch unmittelbar nebeneinander- sitzen, schreien sie sich ihr Gelaber in einer Lautstärke zu, die locker auch 20 m weit reichte, um alles noch deutlich verstehen zu können. Oft sind es solche Typen, die den ganzen Tag über irgendeinen Lärm um sich haben müssen; meistens läuft entweder ein Radio- oder TV-Gerät den ganzen Tag lang in einer soweit aufgedrehten Lautstärke, dass sie den Nachbarn auf den Senkel geht. Die Sendeinhalte sind vollkommen ohne Belang, Hauptsache Lärm. So sind sie aufgedrehte Durchgedrehte und der Lautstärke hörig. Da der Lärm ihre Ohren immer mehr schädigt, sie also immer schwächer hören, brauchen sie eine zunehmend lautere Beschallung. Ohne diesen Lärm wären sie zwar gesunder, aber mit sich allein (huuhh schlotter). Und solche Stille einer ruhigen Welt macht ihnen Angst, sie halten sie für ein Geräusch des Todes – „Totenstille". Es sind solche Typen, die auch zum Mähen einer Grasfläche von kaum einmal 100 m² unbedingt einen Krach-Benzin-Rasenmäher mit möglichst viele PS haben müssen; oder um eine fünf Meter lange Rasenkante zu beschneiden, einen ebenso lauten Elektro-Trimmer verwenden; oder mit einem noch lauteren Laubbläser ein paar Blätter vom Rasen pusten.

Mein Bauchgefühl.

Der Bauch kann weder denken noch urteilen. Das macht allein das Gehirn. Zugegeben, bei manchen funktioniert auch letzteres nicht. Und, obwohl das inzwischen zu einer Massenerscheinung geworden zu sein scheint, kann der Bauch das faul gewordene Gehirn dennoch nicht ersetzen, wie z.B. die Leber durchaus wichtige

Funktionen der Milz bei deren Ausfall übernehmen kann. Natürlich kann der Bauch kneifen oder anderweitig wehtun. Aber auch dieses „Bauchgefühl" kann sich nur im Gehirn darstellen, denn alle menschlichen Organe, so auch der Bauch, sind durch Nerven (Informationsleiter) mit dem Gehirn verbunden. Wären diese durchtrennt, könnten zum Beispiel die „Schmerzen" im Bauch gar nicht an das Gehirn übermittelt werden und es gäbe sie dann als solche gar nicht. Daher ist ein Satz wie: „Bei mir war das eine Bauchentscheidung" absoluter Nonsens wie ebenso die Frage: „Was sagt denn dein Bauch dazu?"

Ähnlich sieht es mit Tönen aus. Warum gibt es Töne? Weil es Ohren gibt! Erst unsere Ohren können ein Schallereignis (wenn zum Beispiel ein Baum umstürzt oder jemand spricht) als Schwingungen wahrnehmen und entsprechende Informationen über die Nerven zum Gehirn leiten; dort erst werden diese Informationen „entschlüsselt" und als Ton wahr.

Neusprech / Doppeldenk

Hiermit bezeichne ich das, was mit uns tagtäglich geschieht. Irgendwelche Schwachmaten, zumeist aus dem Bereich Politik, servieren uns beständig irgendwelche Wörter mit ernster, Vertrauen verlangender Stimme und Gestik und belügen uns damit gleichzeitig nach Strich und Faden. Es gehört zu ihrer Art und Weise der Verwaltung des Menschenmaterials. Wir müssen dumm gemacht, in Bewegung gehalten und ruhiggestellt werden.

Die Wörter *„Judenvernichtung"* und *„Judenausrottung"* waren in der Zeit des Nationalsozialismus als Bezeichnung des industriell betriebenen *Massenmords* an jüdischen Menschen gebräuchlich. Etwa 6 Millionen jüdische Menschen wurden ermordet. Nachdem das Nazi-Regime militärisch besiegt war, erfand man für diese Menschenausrottung das Wort *„Holocaust"*. Dieses Fremdwort stammt aus dem Englischen und dort wiederum aus dem Altgriechischen und meint „vollständig verbrannt". Das hebräische Wort „Schoa" für dieses *Menschheitsverbrechen* bedeutet „die Katastrophe", „das große Unglück/Unheil". Durch die Verwendung dieser Fremdwörter in der noch jungen BRD sollte der Massenmord an den europäischen Juden gemildert, verschleiert, verdunkelt und letztlich unkenntlich gemacht werden. In der Nachkriegs-BRD gab es erhebliche Anstrengungen eines Teils der literarischen Intelligentsia, die Singularität des Konzentrationslagers Auschwitz zu leugnen und es dem „Beispiel" des sowjetischen Gulags der Stalinzeit anzulasten: Wäre Stalin mit seinen blöden Gulags nicht so vorgeprescht, hätten die Deutschen niemals... So wurden die Massenmorde der Nazis zu einem stringent erzählbaren „Holocaust" umgedeutet. Alle können es sagen, aber niemand weiß etwas darüber.

„Die Art, in der extreme antiislamische Gruppen heute über Muslime sprechen, gleicht der Art, in der extreme antisemitische Gruppen in den Jahren vor dem Zweiten Weltkrieg über Juden gesprochen haben" (Erna Solberg, Norwegische Politikerin).

„Verbraucher"-Zentrale. Was ist das? Wenn wir alle „Verbraucher" sind, kann es doch nur unsere Zentrale sein, also die der Verbraucher, also unsere Regierung. Dort wird zum Beispiel im feinsten Neudeutsch differenziert zwischen „lebensmittel*liefern*-

den Tieren" und solchen, die das nicht tun. Wenn wir nur ein wenig darüber nachdenken, fällt uns kein einziges Tier auf dieser Welt ein, das irgendjemand oder irgendwohin Lebensmittel liefern würde. Hingegen würde uns mehr als gewünscht bewusst, dass es viele Tierarten gibt, die wir Menschen zu Millionen metzeln und sie nahezu restlos zu Lebensmitteln verarbeiten. Kleines Beispiel? : In der Massen-Geflügelzucht gibt es einen „Homogenisator". Das ist ein Maschinenkomplex, der dazu dient, sämtliche männlichen Küken (es handelt sich allein in Deutschland jährlich um mehr als 50 Millionen) zu töten, weil sie bei der Fleischproduktion *nicht rentabel* sind. Dafür gibt es regelrechte Zerschredderungs- und Vergasungsbetriebe, die sich auf diesen Massenmord spezialisiert haben. Dort werden die männlichen Küken auf Fließbändern „selektiert", gelangen über Trichter ins Schlagwerk und dann in den „Muser". Ja „Muser"! Denn sie werden wirklich zu Mus verarbeitet, anschließend zu Paketen gepresst und als Tierfutter zum Beispiel für Pelztiere und Geflügel (Mast) und auch in Zoos verwendet. Letztere bestellen gerne vergaste Küken in 300er oder 400er Packs. Tja, Sprache ist schon sonderbar. Und wenn wir über unsere Kultur reden, schwingt oft ein gewisser Stolz mit. Wie ich meine, zu Unrecht, denn es ist eine Schlachthaus-Kultur, in der es Jahr für Jahr Milliarden von Opfern leidensfähiger Wesen gibt, jedoch keine Täter. Das zwingt mir den Zusammenhang auf, dass wir auch solange Menschen töten werden, wie wir Tiere (massenhaft-maschinell) töten.

„Solange es *Schlachthöfe* gibt, wird es auch *Schlachtfelder* geben" (Lew Tolstoi).

„Wenn der moderne Mensch die Tiere, deren er sich als Nahrung bedient, selbst töten müsste, würde die Anzahl der Pflanzenesser ins Ungemessene steigen". (Christian Morgenstern).

Deutsche Interessen umgaukeln uns alltäglich im politischen Sprachquark. „Ein einseitiger Verzicht Deutschlands ginge zu Lasten unserer Interessen" (Der deutsche Wirtschaftsminister 2012 zur Eigentumsstruktur in der Luft- und Raumfahrtindustrie). *Welche Interessen* das sind, sagte er nicht. „Interessen" haben es ähnlich wie „Werte" an sich, dass viel von ihnen gesprochen aber niemals gesagt wird, was konkret gemeint ist. So wird daraus ein Nonsens-Wort.

„Arbeitgeber", „Arbeitnehmer". Hier müssen die Gänsefüßchen unbedingt sein, denn wie wir sehen werden, bezeichnen beide Wörter stets nur *falsche* Personen, also sogenannte.

„Es konnte mir nicht in den Sinn kommen, in das >Kapital< den landläufigen Jargon einzuführen, in welchem deutsche Ökonomen sich auszudrücken pflegen, jenes Kauderwelsch, worin z.b. derjenige, der sich für bare Zahlung von andern ihre Arbeit geben lässt, der *Arbeitgeber* heißt, und *Arbeitnehmer* derjenige, dessen Arbeit ihm für Lohn abgenommen wird. Auch im Französischen wird travail im gewöhnlichen Leben im Sinn von „Beschäftigung" gebraucht. Mit Recht aber würden die Franzosen den Ökonomen für verrückt halten, der den Kapitalisten donneur de travail, und den Arbeiter receveur de travail nennen wollte." Das schrieb Friedrich Engels am 07. November 1883 als Vorwort zur dritten Auflage des >Kapital, Bd.1<. Es ist jetzt 134 Jahre her. Und was ist daraus geworden? Heute reden nicht nur die deutschen Ökonomen diesen Quatsch, sondern nahezu alle Deutschen. Bei den Gewerkschaften hört es sich so an: „Liebe Arbeitnehmerinnen und Arbeitnehmer". Und die solchermaßen Angesprochenen, also die, die ihre Arbeit gegen Lohn *geben*, sehen sich selbst als Arbeit*nehmer*. So lassen wir uns manipulieren und regelrecht dumm machen. Indem wir diese Wörter im beschriebenen Kontext benutzen, machen wir aktiv bei unserer eigenen Verdummung mit;

wenn auch unbewusst, so doch wirksam. Denn hinter dem Kauderwelsch steckt zugleich das folgende Kalkül: Der Begriff des Gebens ist positiv besetzt und der des Nehmens negativ. Warum können wir uns dieser von uns ständig abgesonderten Sprach-Scheiße nicht bewusstwerden. Wir müssen unsere deutsche Sprache, dieses Juwel, für uns erobern, es von der Macht befreien.

Hallo. Das Wort wird derzeit weltweit blind benutzt. Blind deshalb, weil es die Sprecher für einen Gruß halten, was es jedoch nicht ist, sozusagen ein fantasierter Gruß.

Ein kleines Beispiel: Vor noch gar nicht so langer Zeit sagten die im deutschsprachigen Raum lebenden Menschen, wenn sie einander trafen: „Ich wünsche Ihnen einen guten Tag". Aus Maulfaulheit und deswegen, weil die Menschen als Konkurrenz-Subjekte das Gesagte eigentlich immer weniger so meinten und es ihnen zunehmend egal wurde, was der Andere für einen Tag hat, wurde aus diesem so sehr verbindenden Gruß immerhin noch ein „Guten Tag", was den ursprünglichen Sinn zumindest noch ahnen ließ. Inzwischen ist daraus längst ein blödes „Tach" geworden. Manche ahnen noch ganz tief in ihrem Inneren diese Blödheit und wollen der Scheiße ihren Gestank nehmen, wenn sie statt „Tach" „Tachchen" äußern. Scheiße bleibt es trotzdem. Heute, da wir das kapitalistische System komplett verinnerlicht haben und den Konkurrenzterror als menschliche Raubaffen täglich selber zelebrieren, sind wir nur noch vereinzelte Einzelne, einander Feind und fremd. In solcher Lage wollen wir uns gar nicht mehr grüßen und verwenden bei einer gegenseitigen Annäherung ein „Hallo"; meinen jedoch, dass das ein Gruß sei und so viel wie „Guten Tag" bedeute. Das tut es aber nicht und hat mit einem Gruß gar nichts gemein. Und zwar deshalb: Im letzten Drittel des 19. Jahrhunderts unternahmen vor allem auch in Europa viele Technik-Enthusiasten Versuche, um die Idee des Telefonierens real zu machen. Darunter auch ein Österreicher und ein Ungar. Sie versuchten, sich per Drahtschnur zwischen zwei Zimmern, durch eine Wand getrennt, zu hören. Plötzlich rief der Ungar: „Hallom" (hollom), was im Ungarischen heißt „Ich höre dich". Das war damals ziemlich sensationell und natürlich erzählten sie einem Zeitungsmenschen von diesem Ereignis. Dieser hatte von Ungarisch keine Ahnung, und so wurde durch übliches voneinander Abschreiben in den Zeitungen mit der Zeit aus dem ungarischen „Hallom" mit der genannten Bedeutung ein vollkommen bedeutungsloses „Hallo" (im deutschsprachigen Raum), „Hello" (im englischsprachigen Raum), „Holla" (im spanisch- und portugiesisch- sprachigen Raum). Endlich hatten die Menschen ein paar Buchstaben, mit denen sie eine wirkliche Begrüßung vermeiden, aber weiterhin mit Mimik und Gestik so tun konnten, als wäre soeben ein Gruß gesprochen worden. Aber auch „Hallo" ist längst noch nicht das Ende unserer eigenen Verdummung. Längst äußern wir uns mit „Hai" („Hi"), wenn wir einander treffen. Sagt also der Eine „Hai", entgegnet ihm der Andere „Forelle" oder kürzer „Fo". Das wäre doch wenigstens ein Spaß. Ein Kreuzworträtsel fragte bereits nach einem umgangssprachlichen „Hallo" und meinte „Na"; klar, denn das selbst nur umgangssprachliche nichtssagende „Hallo" ist ja viel, viel zu lang. Wenn wir schon inhaltlich nichts mehr sagen, dann können wir es auch komplett bleiben lassen. Wozu überhaupt noch sprechen? Und so verblöden wir uns in immer größerer Geschwindigkeit mehr und mehr selbst. Indem wir die Sprache verlieren/verweigern, verlieren/verweigern wir auch das Denken – mit vielfältigen Konsequenzen; wenn man keine Wörter hat, wie soll man dann überhaupt denken? Ganz abgesehen davon, dass wir mit unserem kapitalistisch-barbarischen Konkurrenzverhalten gerade dabei sind, die Haie auszurotten. Wir bringen jedes Jahr mindestens 200.000 von ihnen um. Der Grund? Weil wir mit unserer Sprache auch unseren Verstand verkümmern lassen.

Kreuzworträtsel

Diese sind bei vielen Menschen sehr beliebt. Schauen wir uns diesen Teil des Medienbetriebs jedoch etwas genauer an, stellen wir leicht fest, dass wir auch hier, wie generell, tüchtig verarscht, verdummt und sogar manipuliert werden. So sind Kreuzworträtsel alles andere als harmlos. Lass Dich überraschen:

Gefragt wird *„von dort"*; als Lösung wird erwartet „daher". Aber das ist falsch, denn „daher" ist nicht gleich „von dort". „Daher" heißt „deshalb" (dieserhalb, deswegen, wegen des; es verweist auf einen Grund). „Von dort" ist nur eine Verstümmelung des „von dorther" und verweist auf einen Ort. Beide haben deswegen gar keinen Bezug zueinander. Der Rätselbauer ist einfach nur ein Sprach-Idiot.

Gefragt wird nach „nachts lebende Halbaffen"? Gesucht ist. „Lemuren". Endlich wissen wir jetzt, warum die überhaupt nur Halbaffen heißen. Sie leben nur nachts, am Tage sind sie offenbar tot. Sie leben also nur halb. Der Rätselbauer hat ein zu geringes Allgemeinwissen.

Immer wieder wird in Kreuzworträtseln gefragt: *„König der Elfen"*? Drei Kästchen sind vorgegeben und die Lösung soll sein: „Erl". So ein Wort gibt es aber in der realen Sprachwelt gar nicht. Selbst die Elfen in Goethes Gedicht gehen auf eine Fehldeutung Johann Gottfried Herders zurück. Denn dieser hatte eine dänische Ballade als erster ins Deutsche übersetzt. Im Dänischen heißt Herders „Erlkönig" *Ellerkonge*, also *„Elfen*könig"; einen besonderen persönlichen Namen hat er gar nicht. Herder übersetzte das Wort *„Eller"* falsch als „Erle" statt „Elfe", kombinierte es mit „König" und fertig war der „Erl(en)könig". Damit ist diese in Kreuzworträtseln erfundene Frage „König der Elfen"? platter Nonsens und der Rätselbauer ein Unwissender wie auch die, die so einen Schwachsinn vermeintlich als richtig erraten und gar nicht merken, wie sie gerade verarscht werden.

Gefragt wird: *„Erwerbstätigkeit"*? Gesucht wird nach: „Beruf". Erwerbstätigkeit ist jedoch „Arbeit". An anderer Stelle wird gefragt: „Erlernte Tätigkeiten"? Kurioserweise ist auch hier wieder gesucht: „Berufe". Es ist aber keinen Fatz richtiger, denn erlernte Tätigkeiten sind Fräsen, Schweißen, Malen... Ein Beruf ist keine Tätigkeit, sondern das Ergebnis einer Ausbildung. Der Rätselbauer ist... auf jeden Fall ein Schwachkopf.

Gefragt wird: *„Demokratie"*? Gesucht wird „Volksherrschaft". Nach dem, wie die Griechen ein paar hundert Jahre v.u.Z. ihre Herrschaftsform nannten, stimmt „Volksherrschaft". Denn damals gehörten nur weniger als 5 Prozent der Bewohner ihres Staatsgebildes zum „Volk". So konnten diese Wenigen (das „Volk") natürlich über die anderen mehr als 95 Prozent (die nicht zum „Volk" gehörten, als Sachen galten und als Quellen von Einkommen) herrschen. Unter unseren heutigen Denkbedingungen, wonach alle (!) Bewohner zum „Volk" gehören, ist der Begriff „Volksherrschaft" jedoch eine logische Unmöglichkeit. Denn wäre

Demokratie Volksherrschaft, würde es sie nicht geben. Wie soll man über sich selbst herrschen? Herrschen kann man nur über jemanden, der außerhalb des Herrschenden ist. So ist der Begriff „Demokratie" unter unseren heutigen Bedingungen Schwachsinn. Gut, wir wollen den Rätselbauer entschuldigen. Warum sollte gerade er diesen Zusammenhang kennen, wenn ihn sonst kaum jemand kennt oder kennen will? Heute ist „Demokratie" nur eine bunte Verkleidung der Handlungsformen des Staates (Politik, Recht, Polizei, Militär, allgemeine Bürokratie...), ein dafür erfundener Begriff, ein Fetisch. Unser heutiger Zustand der reinen Demokratie, der jedes Individuum qua Staatsbürgerlichkeit als „souveränes" setzt, während dasselbe Individuum gleichzeitig in sozialer („bürgerlicher") Hinsicht ein obdachloser Bettler sein kann, ein solcher Zustand, meinte Marx, sei die Verhöhnung eines menschlichen Gemeinwesens. Wahlen, sowie Rede-, Presse- und Versammlungsfreiheit können daran nichts ändern, ist ihnen doch der systemische Selbstzweck der Verwertung des Werts immer bereits vorgelagert; so kann jeweils nur entschieden werden, welche Protagonisten diesen dämonischen Selbstzweck durch immer gewalttätigere Methoden der Menschenverwaltung exekutieren dürfen. Wählen kannst du also, wen du willst, exekutiert wird immer.

Gefragt wird: „Fleißiges Insekt". Gesucht wird „Ameise". Gibt es auch ein faules Insekt? Fleiß und Faulheit sind menschliche Eigenschaften. Mit etwas mehr Allgemeinbildung könnte das auch ein Rätselbauer wissen.

Gefragt wird: „Kleinstes Teilchen"? Gesucht: „Atom". Dümmer geht es nicht! Neutronen, Elektronen, Ionen, Quarks, Hicks-Teilchen... alles sehr viel kleinere Teilchen als Atome.

Gefragt wird „*Rille, Furche, Fuge*"? Die Lösung soll sein „Nute". Das ist falsch, denn die Nute ist lediglich ein Flüsschen. Richtig wäre „Nut".

Gefragt: „*Indizien*". Gesucht: „Beweise". Da Indizien aber lediglich *Anzeichen* für eine Straftat sind, können sie gar keine Beweise sein. Kann das ein Rätselbauer wissen? Natürlich.

Gefragt wird „*Hunger*"? Gesucht wird: „Appetit". Kompletter Unsinn!

Gefragt wird: „*Obstkern*"? Gesucht ist: „Stein". Das ist natürlich falsch. Das Obstinnere hat entweder einen Kern oder einen Stein. Kern und Stein sind nicht identisch; das kannst Du leicht feststellen, indem Du vergleichend einen Apfel und einen Pfirsich isst.

Gefragt: „*Kurzmitteilung*"? Gesucht: „Info". Das ist Sprachquatsch, denn „Info" ist nur die Faulheitsform von „Information" und eine kurze Information ist dann natürlich keine „Info". Ob lang oder kurz, es bleibt stets eine Information.

Gefragt: „*Sauerstoff*"? Gesucht: „Atemluft". So blöd muss man erst einmal fragen! Sauerstoff ist ein chemisches Element und nicht die Atemluft. In seiner gasförmigen Form ist er mit 21 Prozent lediglich auch Bestandteil der Atemluft; ihr Hauptanteil (78%) ist Stickstoff; hinzu kommen noch ein paar Edelgase, sowie 0,04 Prozent Kohlenstoffdioxid.

Gefragt wird: „*Kreuzesinschrift*"? Gesucht ist: „INRI", eine Abkürzung von „Iesus Nazarenus Rex Iudaeorum" (Jesus von Nazaret, König der Juden). Was jedoch keineswegs als nachgewiesen gilt, ist, dass es sich tatsächlich auch um ein Kreuz gehandelt hat, an das dieser Jesus genagelt wurde. Denn üblich war damals nachgewiesenermaßen für solche Torturen Holz in der Form eines „T". Und nur weil jemand schrieb, dass die Tafel (mit der Inschrift „INRI") „über seinem Kopf" angebracht war, schloss man daraus, dass der senkrechte Balken über den waagerechten hinausragen musste, es sich also um eine Kreuzform handelte. Mit einem Balken-T wäre das aber ebenso möglich gewesen; lass Dich annageln und Du wirst feststellen, dass Dein Köpf wegen Deines Gewichts ein erhebliches Stück tiefer hängt als sich   Deine Hände befinden. So gilt: Niemand *weiß* etwas, aber alle *glauben*, dass es nur ein Kreuz gewesen sein konnte.

Gefragt wird: *„Höchster erreichbarer Wert"*? Gesucht: „Optimum". Das ist natürlich Nonsens, denn richtig wäre „Maximum". Ein „Optimum" setzt stets (einschränkende)Bedingungen voraus, unter denen es erreicht wird.

Gefragt ist *„Standesamtliche Heirat"*? Gesucht wird „Zivilehe". Mehr Sprachscheiße geht eigentlich gar nicht mehr. Abgesehen davon, dass eine Heirat keine Ehe ist, heißt das hier, dass eine kirchliche Heirat nicht-zivil ist; was dann, etwa militärisch?

Gefragt wird: *„Zeitungskäufer"*? Gesucht: „Leser". Beides hat jedoch faktisch oft nichts miteinander zu tun. Die Frau, die jeden Tag eine Zeitung kauft, muss sie deshalb noch längst nicht lesen; sie kann sie natürlich für ihren Mann oder einen Nachbarn kaufen.

Gefragt wird nach *„Sportsprache: Tempo"*. Lösung: „Speed". Auch Sportsprache ist immer nur eine sogenannte. Hier bei uns ist die Sprache Deutsch und das Wort für Tempo heißt Geschwindigkeit. „Speed" ist also nur eine Verscheißerung.

Gefragt wird: *„Natürlicher Kopfschmuck"*? Die Lösung ist „Haar". Daran gibt es natürlich nichts auszusetzen, denn genau so, als Schmuck, sehen wir unser Kopfhaar. Zu fragen ist allerdings, was mit den Haaren am übrigen Körper ist. Im Zusammenhang damit hat es eine riesige Industrie im ausschließlichen Profitinteresse prima verstanden, uns einzureden, dass Haare nur etwas am Kopf zu suchen haben. Sonst seien sie „ihgitt" und müssen entfernt werden. Und die meisten von uns unterwerfen sich „freiwillig" diesem Zwang und reden ihn sich auch noch als ihren eigenen Willen ein. Schließlich sind sie sogar stolz darauf, sich zum Beispiel die Achseln und Genitalien glattrasiert zu haben. So machen sie sich auch hierbei zu Systemsklaven, ohne sich dessen bewusst zu sein. Wie am Kopf, haben alle Haare an unserem Körper bestimmte Schutzfunktionen. Sich einreden zu lassen, wegen der Haare zu schwitzen, ist nur irre. Und dass unsere Haare unästhetisch seien, zeigt nur, wie verblödet wir bereits sind. Am Menschen, wie er natürlich ist, kann gar nichts unästhetisch sein. Wenn wir uns solchen Schwachsinn dennoch (meist aus Profitinteresse) einreden lassen, zeigt das nur unsere geistige Verkommenheit und absolute Manipulierbarkeit. Die Manipulation hat funktioniert, wenn wir das uns Eingetrichterte als unseren eigenen Willen deklarieren. Unsere Haare haben wichtige Funktionen (sonst hätten wir sie gar nicht) und schützen den Körper vor vielen Umwelteinflüssen (z.B. Wärme, Kälte, UV-Strahlung, Fremdkörper). Sie vergrößern an ihrem jeweiligen Wachstumsort die Körperoberfläche und leiten dadurch den Schweiß ideal an die Umwelt ab. Rasier' Dir also die Haare weg, wenn Du diese Haarfunktion unbedingt verlieren willst. Die Schweißdrüsen funktionieren deshalb trotzdem weiter und produzieren Schweiß. Nur bleibt er dann auf der Haut und gelangt von dort direkt in die Kleidung. Dass du nach Schweiß stinkst, liegt also nicht etwa an Deinen Haaren, sondern an zu seltenem Waschen. Was am Kopf geht, nämlich das Waschen, geht natürlich auch am gesamten Körper, du kleiner Drecksack/kleine Drecksäckin. Mehr als 30 Prozent der deutschen Männer wechseln alle drei (!) Tage ihre Unterhose. Damit stinken sie ohne Haare nicht weniger, als mit Haaren.

Noch eine kleine Bemerkung insbesondere an die jüngeren Mitmenschen: Macht Euch los vom Sklavendasein für die Haarentfernungsindustrie. Holt Euch den Schmuck-Charakter all Eurer Haare zurück. Lernt wieder zu sehen, wie hochästhetisch Euer Haarschmuck überall an Eurem Körper ist und wie wunderbar natürlich. Und schließlich: Die Haare im Intimbereich verstärken sogar die Berührungssensibilität der dortigen Haut enorm. Das heißt, wer sich dort rasiert, verzichtet auf ein wirkliches Sexvergnügen, das schon sachteste (Haar-) Berührungen bereiten. Und als Mann sage ich in tiefster Ehrerbietung den Frauen gegenüber: Nichts auf der Welt ist schöner anzusehen, als eine ganz natürlich behaarte Fotze. Noch Fragen? Vielleicht sollten wir diesbezüglich mal nach Japan schauen; es gäbe vieles zu lernen, was hilft, unsere Rasierphobie mit großem Gewinn fürs Bewusstsein wieder loszuwerden. Und schließlich: Nichts ist alberner, unterwürfiger und lächerlicher, als wenn sich ein erwachsener Mann seinen Schwanz rasiert (Frau entsprechend).

„Kreuzworträtsel" sind ein nicht zu unterschätzender Bestandteil der medialen Verdummungs-Industrie. Obwohl die Macher selbst vielfach sprachliche Deppen sind, belasten sie uns dennoch enorm mit einem sprachlichen Verdummungs-Ballast. Ich habe mir das mal ein paar Wochen lang in einer „lauten" Tageszeitung, die jeden Tag ein ganzseitiges Kreuzworträtsel veröffentlicht, angesehen. Innerhalb von nur zwei Wochen fand ich allein mehr als 60 Fragen nach Göttern und ähnlichem (eine Woche später waren es fast 100 solcher Götterfragen): Griechische Göttin, Griechischer Hauptgott, Babylonische Hauptgöttin, Nordische Unterweltsgöttin, Griechischer Gott der Künste, Germanische Götterbotin, Griechische Mondgöttin, Ägyptischer Sonnengott, Altnordischer Gott, Ägyptischer Gott der Erde, Mutter Gottes-Figur, Anrufung Gottes, den Götterdienst betreffend, Semitischer Gott des

Glücks, Römische Göttin des Friedens, Prophet im A.T., Griechische Unheilsgöttin, Gott der Haitianer, Nordische Göttin der Vergangenheit, Nordische Schicksalsgöttin, Nordische Götterbotin, Buch der Bibel, Name Noahs in der Vulgata, Griechischer Kriegsgott, Biblischer Urvater, Das Unsterbliche, Ort der Verdammnis, Biblische Männergestalt, Sterndeuter Wallensteins, Mutter Marias, Biblischer Priester, Ägyptischer Gott des Totenreiches, Bruder Kains, Sohn Jakobs, ältester Sohn Noahs, Göttin der Feldfrüchte, Rachegöttin, Liebesgott, Kriegsgott, Höllenfürst, Labans Tochter, Patron gegen Feuersnot, Wärter der nordischen Götter, Heiliger Drachenkämpfer, Himmlischer Bote, Ein Erzengel, Griechische Göttin der Weisheit, Nordisches Göttergeschlecht, Sohn Isaaks, Halbgott der griechischen Sage, Gottes Gunst, Mönchsraum, Heiland, Sprechen mit Gott, Nordische Göttin der Jugend, Biblischer Prophet, Göttin der Verblendung, Sems Nachkomme, Kreuzesinschrift, Ungetüm der griechischen Mythologie, Frau von Isaak, höchste ägyptische Göttin, Kunstgöttin, Nordische Todesgöttin.

All das hat keinerlei Bezug zu unserem heutigen Leben und mit Allgemeinbildung nichts zu tun, auch nicht mit Geschichte. Mach Dir selbst Gedanken zu dem Warum, warum uns also solcher Müll dennoch dauernd um die Ohren gehauen wird.

„Glaube" und „Wissen", glauben und wissen

Beide basieren auf unserem Verstand, unserem Bewusstsein und sind sogar miteinander verknüpft. Wir sind in der Lage, zu glauben also tun wir es auch. Ebenso sind wir in der Lage, zu wissen, folglich unternehmen wir Anstrengungen, um das zu erreichen. Wenn du diese beiden Sätze aufmerksam liest, kannst Du schon den Unterschied zwischen *Glauben* und *Wissen* erkennen. Zu glauben, ist für uns sehr einfach. Um zu wissen, müssen wir uns zumeist anstrengen, etwas tun (lernen, studieren, lesen, diskutieren, streiten, forschen, experimentieren...). Glauben findet ausschließlich im Kopf (Gehirn) statt, in dem eines einzelnen Menschen. Für diesen ist das, was oder woran er glaubt, wahr. Er kann es nur über die Sprache nach außen dringen lassen, sein Wahrheitsgehalt lässt sich aber nicht nachprüfen. Über die Sprache können es dennoch sehr viele Menschen ebenfalls zu ihrer Wahrheit, also einer gemeinsamen Wahrheit machen. Alles spielt sich ausschließlich in den eigenen Köpfen ab, denn der Glaubens-Gegenstand als solcher kann nicht ins praktische Leben treten, seine Träger, die Menschen natürlich sehr wohl. Hieraus erwächst die potentielle Gefährlichkeit von „Glauben"; nämlich dann, wenn das Geglaubte zur allgemeinen Wahrheit erklärt wird und zwischen den Gläubigen Herrschaftsstrukturen errichtet und durch rituelle Handlungsformen beständig reproduziert werden.

Ein Beispiel: Der US-Präsident und sein Regierungs-Apparat wollten einen Irak-Krieg, um die strategische Position der USA im Nahen und Mittleren Osten nicht zuletzt wegen des dortigen Ölreichtums zu stärken. Die Zeit schien günstig, denn die terroristische Zerstörung der Twin-Towers in New York lieferte für eine entsprechende Propaganda den geeigneten Hintergrund. Aber so ein Krieg ist teuer und gefährlich und kann ohne den Willen der vielen Menschen des eigenen Landes nicht stattfinden, denn sie sind die Auftragskiller (Soldaten) und setzen für „ihren Präsidenten", „ihr Volk", „ihre Nation", „ihre Demokratie", „ihre Fahne", „ihre Hymne" ihr Leben aufs Spiel – wenn sie wollen. Also erfand der Präsident mit seinem Apparat und der Hilfe williger internationaler Vasallen Massenvernichtungswaffen im Irak, die es zu vernichten galt. Damit hatten „seine Leute", die Marines, die Mütter und Väter etwas, das sie „glauben" konnten. Und sie taten es, weil sie es wollten. So wird „Glaube" zur materiellen Gewalt, wenn er von vielen gewollt ist. Das war schon so bei den mittelalterlichen „Hexen"-Verbrennungen. Diese kolossale Gewalt kann nur stattfinden im Namen dessen, woran man glaubt. Nur aus dem Umstand, dass „Glauben" zu „Wissen" erklärt wird, kann überhaupt Gewalt entstehen. Denn wüsste man, wäre Gewalt zwischen Menschen gar nicht möglich bzw. nur im Fall einer geistigen Krankheit. Ansonsten benötigt Glaubensgewalt stets Herrschaftsstrukturen (Kirchen, Moscheen, Päpste, Kardinäle, Imame...) und diese wiederum zur Sicherung ihres Bestandes Rituale. Durch sie lassen sich die Menschen herrlich manipulieren und beherrschen. All das aber braucht kein einziger Mensch, um an einen Gott glauben zu können.

„Ich glaube, dass ich das herausfinden kann"; ich weiß also nicht, ob mir das gelingt, mache mich aber daran, es herauszufinden. Hierin besteht der Ansatz, „Wissen" zu erlangen. „Glauben" generell (jedoch nicht an einen Gott) gehört also durchaus auch zu den Initiatoren von „Wissen". Im Prozess der Wissens-Ermittlung unternehmen wir den Versuch, unseren Anfangs-Glauben zu rechtfertigen, ihn wahr werden zu lassen, gewissermaßen also Glauben durch Wissen zu ersetzen. Wissen ist Kenntnis über die reale Welt. Dieses Streben, die Welt zu erkennen, ist genetisch in uns (Wissbegierde, Neugier). Und das Gute ist, dass die Welt in ihrer Unendlichkeit prinzipiell erkennbar ist. Das heißt, wir werden die Welt immer weiter und weiter erkennen und wegen ihrer Unendlichkeit damit doch nie an ein Ende gelangen. Unser Wissen über die Welt wird auf diese Weise größer und größer und zugleich bleibt stets noch unendlich viel zu entdecken. „Was wir wissen, ist ein Tropfen. Was wir nicht wissen, ein Ozean" (Isaak Newton).

Auf diesem langen Erkenntnisweg erlangen wir immer wieder Wahrheiten, die als absolute gelten können, wie zum Beispiel das

Maß der Lichtgeschwindigkeit und dass Karies eine Zahnfäule ist, gleichzeitig erforschen wir Wahrheiten, die nur für einen Moment solche sind, wie etwa die Entfernung des Mondes von der Erde oder den genauen Wirkmechanismus des HIV-Virus. Aber auch diese Moment-Wahrheiten sind ganz natürlich unausweichlich Stufen zur Erkenntnis weiterer absoluter Wahrheiten. Das Besondere am Wissen ist, dass seine Inhalte immer wieder experimentell nachgewiesen, also als Wahrheit bewiesen werden können. Experimente sind demnach sozusagen der Gerichtshof der Wahrheit. Ihre Ergebnisse sind damit reale, gewissermaßen handgreifliche Wahrheiten (Wirklichkeiten). Dabei ist es nicht ausgeschlossen, dass wir die Ergebnisse des Experiments zwar immer wieder wiederholen können und dennoch (noch) keine Erklärung dafür haben, was wir dort eigentlich vor uns haben. So verhält es sich zum Beispiel mit der nach wie vor rätselhaften Fernwirkung der Quantenteilchen. Um dieses Phänomen restlos zu entschlüsseln, bedarf es noch vieler weiterer Experimente und wohl auch der Entdeckung weiteren mathematischen Neulands. Aber bereits heute zeigt uns unser diesbezüglicher Wissens-Zwischenstand, dass unsere bisherigen Vorstellungen von Raum, Zeit und Materie nur relativ grob stimmen. Also werden wir daran mehr und intensiver forschen.

Früher sagten wir: „Die Praxis ist das Kriterium der Wahrheit". Natürlich wissen das auch die diversen Verfechter des Glaubens; und so ist es nicht verwunderlich, dass es so viele „Hellseher", Wahrsager" und andere Quacksalber und Scharlatane gibt, die uns für dumm verkaufen, also Dummheit verkaufen. Das Ziel ist immer das „Verkaufen", somit das schnöde Geld. Gesagt wird das natürlich nicht.

„Die Wahrheit ist leicht zu verstehen, wenn sie entdeckt. Schwer ist nur, sie zu finden" (Galileo Galilei).

„Ich bin ein Gegner der Religion, denn sie bringt uns bei, dass wir uns damit zufriedengeben, die Welt nicht zu verstehen" (Richard Dawkins).

„Wer die Wahrheit nicht weiß, der ist bloß ein Dummkopf. Aber wer sie weiß und sie eine Lüge nennt, der ist ein Verbrecher" (Bertolt Brecht).

Wer nichts weiß, muss alles glauben (sogenannte Volksweisheit).

„Ob Du glaubst, Du kannst es, oder ob Du glaubst, Du kannst es nicht – Du hast Recht" (Henry Ford).

„Es ist von großer Bedeutung, dass die breite Öffentlichkeit Gelegenheit hat, sich über die Bestrebungen und Ergebnisse der wissenschaftlichen Forschung sachkundig und verständlich unterrichten zu können... Die Beschränkung der wissenschaftlichen Erkenntnisse auf eine kleine Gruppe von Menschen schwächt den philosophischen Geist eines Volkes und führt zu dessen geistiger Verarmung" (Albert Einstein).

Zum Abschluss dieses kleinen Sprach-Ausflugs möchte ich für Dich noch einen Zipfel der Tarndecke lüpfen, die uns die hässliche Fratze „unseres" Kapitalismus verbergen soll und Dir so einen gewissen Einblick in unsere derzeitige Gesamtlage ermöglichen, in die sich die Sprachverhunzung gewissermaßen versteckt einkuschelt:

Das Ende des Kapitalismus (soweit es wissenschaftlich bisher zu überblicken ist)

Der Begriff des Zusammenbruchs ist ein Reizwort, das meistens abwertend verwendet wird, um Vertreter einer radikalen Krisentheorie als nicht ernst zu nehmende „Apokalyptiker" abzuqualifizieren. Die kapitalistischen Protagonisten wollen glauben, dass der Kapitalismus sich ewig erneuern kann. Natürlich bricht ein globales gesellschaftliches System nicht so augenblicklich zusammen wie ein Individuum, das einen Infarkt erleidet. Aber die historische Zeit des Kapitalismus ist abgelaufen. Modernisierung war ja nichts anderes als die Durchsetzung und Entwicklung dieses Systems, egal ob in privatkapitalistischen oder staatskapitalistischen Mechanismen (real existierender Sozialismus).

Allen äußeren Unterschieden zum Trotz besteht die gemeinsame Grundlage in der „Verwertung des Werts", das heißt in der Verwandlung von „abstrakter Arbeit" in „Mehrwert". Das ist aber kein subjektiver Zweck, sondern ein verselbstständigter Selbstzweck. Sowohl die Kapitalisten als auch die Lohnarbeiter und ebenso die Staatsagenten sind nur die Funktionäre dieses losgelassenen, unkontrollierbaren Selbstzwecks, den Adam Smith als „göttliche Maschine" und Marx als „automatisches Subjekt" bezeichnet haben. Dabei erzwingt die universelle Konkurrenz eine blinde Dynamik der Produktivkraftentwicklung, die ständig neue Verwertungsbedingungen erzeugt und schließlich an eine absolute historische Schranke stößt.

Die innere ökonomische Schranke besteht darin, dass die Produktivkraftentwicklung zu einem Punkt führt, an dem die „abstrakte Arbeit" als „Substanz" des „Mehrwerts" in so großem Umfang aus dem Produktionsprozess wegrationalisiert wird, dass keine weitere reale Verwertung mehr möglich ist. Diese „Entsubstantialisierung des Kapitals" oder „Entwertung des Werts" bedeutet, dass die Produkte an sich gar keine Waren mehr sind, die sich in der Geldform als allgemeiner Wertform darstellen können, sondern nur noch Gebrauchs-Gegenstände. Der Zweck der kapitalistischen Produktion ist aber nicht die Herstellung von Gebrauchsgütern für die Befriedigung von Bedürfnissen, sondern der Selbstzweck der Verwertung. Es ist, wie Du inzwischen weißt, nicht wichtig, *was* produziert, sondern nur *dass* produziert, also menschliche Energie verausgabt wird (Muskel, Nerv, Hirn). Deshalb muss nach kapitalistischen Kriterien beim Erreichen der inneren ökonomischen Schranke die Produktion und damit der gesellschaftliche Lebensprozess stillgelegt werden, obwohl alle Mittel vorhanden sind.

Real war diese Situation im Zuge der Dritten industriellen Revolution schon etwa am Beginn der 80er Jahre eingetreten. Seit dieser Zeit verlängerte der Kapitalismus sein Leben in „virtualisierter" Form einerseits durch eine historisch beispiellose Verschuldung (Vorgriff auf zukünftigen Mehrwert, der real nie mehr eingelöst werden kann) und andererseits durch das ebenso historisch beispiellose Aufblähen von sogenannten Finanzblasen (Aktien und Immobilien). Diese Scheinakkumulation von „substanzlosem" Geldkapital wurde auch in die reale Warenproduktion eingespeist. Daraus resultierte eine globale Defizitkonjunktur mit einseitigen Exportströmen vor allem in die USA. Die Exportwirtschaftszonen Chinas und Indiens bedeuten aber keine reale Expansion der „abstrakten Arbeit", weil ihr Ausgangspunkt keine reale Kaufkraft war, sondern das „substanzlose" Geldkapital der Verschuldung und der Finanzblasen. Über mehr als drei Jahrzehnte wurde die Illusion gepflegt, es könne ein rein „finanzgetriebenes Wachstum" geben. Das Ende dieser Illusion besteht keineswegs nur in einer Finanzkrise. Die vielbeschworene „Realökonomie" ist in Wahrheit schon längst nicht mehr real, sondern sie wurde und wird aus den „substanzlosen" Finanzblasen künstlich ernährt (derzeit Geldschwemme der Notenbanken für Null-Zinsen). Aber jetzt wird der Kapitalismus auf seine realen Verwertungsgrundlagen reduziert. Die horrenden Überkapazitäten in allen Industriezweigen müssen geschrumpft werden, die daran gebundenen Arbeitskräfte entlassen (heute sichtbar zum Beispiel an den weltweiten Forderungen der Konkurrenz, dass China seine

Stahlproduktion massiv reduzieren solle). Die Folge solchen Schrumpfens ist eine neue Weltwirtschaftskrise, ohne dass neue reale Potentiale der Verwertung in Sicht wären. Gleichzeitig stößt der Kapitalismus auch an seine äußere Naturschranke. In demselben Maße, wie die „abstrakte Arbeit" als Verwandlung menschlicher Energie in „Mehrwert" überflüssig gemacht wurde, expandierte in immer schnellerem Tempo die technologische Anwendung fossiler Energiestoffe (Öl, Gas). Die blinde Dynamik der gesellschaftlich unkontrollierten Produktivkraftentwicklung, die unvermindert weitergeht und sich objektiv nicht bremsen lässt, hat einerseits zu einer absehbaren Erschöpfung der Ressourcen fossiler Energie geführt, andererseits zu einer Zerstörung des globalen Klimas und der natürlichen Umwelt, deren Reifegrad ebenfalls absehbar ist. Die äußere Naturschranke und die innere ökonomische Schranke haben einen unterschiedlichen Zeithorizont. Während das Ende der realen „Verwertung des Werts" schon in der Vergangenheit liegt (etwa Anfang/Mitte der 80er Jahre) und die kapitalistische Ökonomie jetzt innerhalb von Jahren (grob geschätzt im Lauf dieses und des kommenden Jahrzehnts) ihre historische Krise durchläuft, liegt die absolute Naturschranke noch in der Zukunft (innerhalb eines Zeitraums von maximal zwei bis drei Jahrzehnten). Durch die ökonomische Krise und die damit verbundene Schließung von Produktionskapazitäten wird die Erschöpfung der energetischen Ressourcen ein wenig gebremst, allerdings um den Preis der globalen sozialen Verelendung in der kapitalistischen Form. Gleichzeitig haben aber die Prozesse der Zerstörung von Naturgrundlagen und Klima einen derart langen Vorlauf, dass sie durch die ökonomische Krise nicht gestoppt werden und die äußere Naturschranke trotzdem erreicht wird.

Das Ende der Modernisierung bedeutet also, dass nicht nur die kapitalistische Form der Reproduktion überwunden werden muss, sondern eine nachkapitalistische Weltgesellschaft für lange

Zeit die Folgen der kapitalistischen Naturzerstörung zu bearbeiten hat und daran leiden wird. Für die krisentheoretische Analyse und Kritik kommt es darauf an, die beiden historischen Schranken des Kapitalismus in ihrem inneren Zusammenhang zu sehen. Es besteht allerdings die Gefahr, dass die beiden Momente der historischen Krise gegeneinander ausgespielt werden; sowohl von den kapitalistischen Eliten als auch von den Vertretern eines „ökologischen Reduktionismus", die nur die äußere Naturschranke gelten lassen wollen. Die kapitalistische Krisenverwaltung und der ökologische Reduktionismus könnten eine unheilige Allianz eingehen, die darauf hinausläuft, die ökonomische Schranke zu verleugnen und im Namen der ökologischen Krise den verarmten und verelendeten Massen eine Ideologie des „sozialen Verzichts" zu predigen. Demgegenüber muss festgehalten werden, dass in der Krise Kritik und Überwindung des kapitalistischen Formzusammenhangs Priorität besitzen, weil die Naturzerstörung Folge und nicht Ursache der inneren Schranke dieses Systems ist.

Zur aktuellen Weltpolitik (ein kleiner Teilaspekt)

Welch große Hoffnungen weckte das Chávezsche Projekt vor Jahren nicht nur in Lateinamerika, sondern – ähnlich wie später auch die so zuversichtliche Syriza in Griechenland – bei der gesamten Welt-Linken. Der jeweils gewählte Absprung war beeindruckend, aber die Landung jedes Mal die eines Papiertigers. Das hat damit zu tun, dass die politische Welt-Linke grundsätzlich selbst nur ein Bestandteil des kapitalistischen Formzusammenhangs ist und aus dieser Form auch gar nicht hinauswill. Damit aber ist sie selbst auch Bestandteil des Problems (Kapitalismus) und folglich zu transformierendem Handeln objektiv gar nicht in der Lage. Von diesem Zusammenhang haben ihre jeweiligen Protagonisten allerdings keinen blassen Schimmer und holen sich daher überall auf der Welt objektiv eine Klatsche nach der anderen.

Dabei kann es sooo weltbewegend sein, einen Traum von morgen zu träumen. Aber einige Träume sind bloß die Gespenster der abgestorbenen Welt von gestern. Große Teile der Linken haben heute keine Orientierung auf die Zukunft mehr; überall in der Welt möchte die Linke am liebsten zurück zu den Paradigmen traditioneller Politik auf der Basis von Nationalstaaten und Klassenkampf. Deshalb wird die reale Globalisierung entweder verleugnet und ignoriert oder verteufelt. Und die Kritik entzündet sich nicht an den historisch obsolet gewordenen basalen Kategorien von „abstrakter Arbeit", Warenform, „Verwertung des Werts" und kapitalistischem Geschlechterverhältnis in der neuen Weltgesellschaft, sondern sie bezieht sich nur oberflächlich auf „das Finanzkapital" und die äußere imperiale Macht der USA. Unter den neuen Bedingungen entsteht auf diese Weise eine Konvergenz von linken und rechten Positionen mit einem antisemitischen Akzent; denn das spekulative Geld wurde von den irrationalen Ideologien in der modernen Geschichte stets mit „den Juden" identifiziert.

In diesem Klima einer rückwärtsgewandten Beschwörung von historisch verfallenden Formen der Politik erlebt auch der Antisemitismus einen schwarzen Frühling, der nichts mehr zu tun hat mit den nationalrevolutionären Hoffnungen der Vergangenheit. Gegen den westlichen Sicherheitsimperialismus und Krisenkolonialismus unter Führung der USA propagiert die politisch versteinerte Linke zunehmend ein ganz äußerliches Gegengewicht von Regimes, die im globalen Krisenprozess scheinbar die alte nationale Souveränität beleben. Der Charakter dieser Regimes wird dabei ausgeblendet; es handelt sich um ein rein machtpolitisches

Konzept ohne Rücksicht auf den sozialhistorischen Unterschied zum alten Antisemitismus, der zwar auch den Rahmen des modernen warenproduzierenden Systems und damit des Weltmarkts nicht in Frage stellen konnte, aber trotz dieser Reduktion noch einen ideellen Anspruch der Emanzipation vertreten hatte. Voraussetzung dafür waren Spielräume einer nationalen Entwicklung im Zuge der kapitalistischen Expansion. Davon ist unter den Bedingungen der neuen Weltkrise nichts übriggeblieben.

Im Sinne der Reformulierung eines von den früheren inhaltlichen Ansprüchen entkoppelten, auf eine leere Hülse reduzierten Antisemitismus hatte Venezuelas ehemaliger Präsident Hugo Chàvez, der als neuer Hoffnungsträger nicht nur der lateinamerikanischen Linken galt, den Iran, Russland und China als „Dreieck der Stärke" belobigt, um eine Art Allianz gegen den Neoliberalismus und gegen die selber perspektivlose, im Irak bereits gescheiterte US-Politik der Weltordnungskriege anzuvisieren. Aber dabei manifestierte sich keine eigenständige Gegenposition mehr, die eine innere Logik von Entwicklung und Befreiung tragen könnte, sondern es zeigt sich nur die andere Seite der globalen Krise. Die als Gegner oder Rivalen der USA und der westlichen Interventionspolitik bezeichneten Regimes sind selber Bestandteil eines Prozesses der Destabilisierung und insofern in den Zerfall der sogenannten bürgerlichen Vernunft (worin, wie wir sahen, auch die Sprach-„Entwicklung" eine fundamentale Rolle spielt) eingeschlossen. Der gemeinsame Rahmen des Weltmarkts, der in der Geschichte der Modernisierung den Gegensatz von imperialer Macht und antiimperialistischem „Kampf um Anerkennung" hervorgetrieben hatte, ist mit dem Erlöschen der Potenz der Modernisierung zum alle staatlichen Akteure übergreifenden Kraftfeld einer Tendenz zur Barbarei geworden.

Es ist eher eine unheilige Allianz von Irrläufern der an ihr Ende gekommenen Modernisierung, die den neuen nationalstaatlichen Antiimperialismus tragen soll. Vor allem handelt es sich nicht um die Revitalisierung eines nationalökonomischen Programms gegen die Globalisierung, sondern nur um Nebeneffekte der Globalisierung selbst. Grundlage der vermeintlichen „Stärke" bei den Ölförderländern Russland, Iran und Venezuela war und ist nicht eine eigene welthistorische Perspektive über das moderne warenproduzierende System hinaus, sondern ganz banal die damalige Verdoppelung des Ölpreises, die Milliarden von Dollars in die jeweiligen Kassen gespült hat. Der Ölpreis ist aber nun wahrhaftig kein Indikator für eine gesellschaftliche Transformation, sondern nichts als eine Funktion in der Bewegung des Weltmarkts. Gleichzeitig handelt es sich nicht um eine selbsttragende gesellschaftliche Reproduktion, sondern eher um ein selber nur spekulatives, ganz unsicheres Element im Kontext der Krise des Weltsystems. Deshalb schlug sich der unverhoffte Segen der Ölmilliarden auch nicht in nachhaltigen Entwicklungs-Programmen nieder, sondern wurde notwendigerweise für den unterentwickelten Konsum verknuspert. Das Putin-Regime in Russland stellt bis heute nur die Ruine einer ehemaligen Weltmacht der am Weltmarkt gescheiterten „nachholenden Modernisierung" dar; die zum Staat gewordenen Geheimdienste verwalten mit sozialer und politischer Repression ein verzweifeltes Massenelend, um auf reduziertem Terrain den Alptraum eines peripheren Imperiums zu reproduzieren, der nun auf Petro-Dollars angewiesen ist. Das ebenfalls auf Basis der Petro-Dollars nach Atomwaffen strebende Mullah-Regime verwüstete den Iran durch religiösen Terror und repräsentiert ein frauenfeindliches Neo-Patriarchat. Dissidenten und Linke wurden zu Tausenden ermordet; der ehemalige Präsident Ahmadinedschad hatte die Auslöschung Israels zum Programm gemacht und die Vernichtung der europäischen Juden durch die Nazis als „westlichen Mythos" bezeichnet. Es zeugte von geistiger Demoralisierung, wenn Chávez den antisemitischen Wahn in Kauf nahm und Ahmadinedschad als „Bruder" titulierte. Aber auch der messianische Caudillismus von Chávez selbst hat bis heute (2017) in seinen Nachfolgern wirkende zweifelhafte Züge; die „bolivarische Revolution", die auf der Basis einer begrenzten nationalistischen Ideologie zum Paradigma für Lateinamerika werden sollte, stand und (wie sich heute zeigt) fiel mit seiner Person. Die parastaatlich organisierten Sozialreformen kommen zwar zweifellos unmittelbar den Armen zugute, aber im Sinne einer eigenständigen gesellschaftlichen Reproduktion bleiben sie hohl und ungewiss, solange sie einzig auf einer undurchsichtigen Subventionierung durch Petro-Dollars beruhen. Und im Kontext einer „Verbrüderung" mit einem Regime wie dem iranischen verdunkelt sich der ideologische Horizont dieser Bemühungen.

Die angebliche „Stärke" Chinas andererseits steht in einem prekären reziproken Verhältnis zum spekulativen neuen Ölreichtum der Förderländer. Denn es war gerade die chinesische Export-Industrialisierung, die wesentlich zur bereits wieder Geschichte gewordenen Explosion des Ölpreises beigetragen hat. Innerhalb weniger Jahre ist China zum zweitgrößten Ölverbraucher nach den USA geworden. Aber was als chinesische Exportoffensive bis heute erscheint, ist erst recht keine Funktion eines nationalen Entwicklungs-Programms, sondern der bislang größte Nebeneffekt der Globalisierung, also der Weltkrise des Kapitalismus. Dieser Exportstrom beruht großenteils auf Investitionen westlicher Konzerne (in erster Linie der USA und der EU), die im Zuge ihres globalen Outsourcing China zur Plattform und Drehscheibe von transnationalen Wertschöpfungsketten gemacht haben. Deshalb hat China inzwischen auch den zweitgrößten Zufluss von ausländischen Direktinvestitionen nach den USA zu verzeichnen. Keine

Spur von nationaler Eigenständigkeit also, sondern ein Resultat des extremen Billiglohns und der Rechtlosigkeit meist junger, oft geradezu kasernierter Arbeitssklaven in den chinesischen Exportwirtschaftszonen. Gleichzeitig bleiben diese Investitionen insular; der gesellschaftlichen Reproduktion in der Fläche droht durch dieselbe Entwicklung der Zusammenbruch. In China hat sich so die Paradoxie eines entfesselten transnationalen Minderheits-Kapitalismus unter dem politischen Dach des paternalistischen altkommunistischen Machtapparats herausgebildet; die das Land zerreißenden sozialen Widersprüche werden von einer korrupten Bürokratie nur noch mühsam durch Polizei- und Militäreinsätze befriedet.

Unter diesen Bedingungen ist das vage Projekt einer antiimperialistischen Allianz der Ölförderländer mit China eine Chimäre, denn die jeweiligen Positionen auf dem Weltmarkt sind ganz unterschiedlich und sogar gegensätzlich. In demselben Maße, wie China zum neuen Eldorado für das Outsourcing transnationaler Konzerne geworden ist, vermindern sich die Direktinvestitionen in Latein-Amerika. Mexiko, das noch in den 90er Jahren im Rahmen der NAFTA ein bevorzugtes Investitionsgebiet für US-Konzerne war, ist in dieser Hinsicht bereits ausgetrocknet. Die Nähe zu den USA zahlt sich nicht mehr aus, weil die chinesische Arbeit eben noch viel billiger ist. Ein ähnliches Schicksal droht auch den übrigen lateinamerikanischen Ländern. Auch die Hoffnungen auf chinesische Großinvestitionen in Argentinien und Brasilien sind rasch bereits enttäuscht worden.

Stattdessen überschwemmen inzwischen billige chinesische Industriewaren (in Wirklichkeit Produkte des transnationalen Outcourcing von US- und EU-Konzernen) die lateinamerikanischen Märkte. Wo China draufsteht, stecken eigentlich die USA und EU drin. Zwar konnten auch die lateinamerikanischen Exporte nach

China gesteigert werden. Aber erstens handelt es sich dabei fast nur um Rohstoffe. Damit reproduziert sich via Globalisierung nur das alte Verhältnis der Abhängigkeit zwischen Zentrum und Peripherie in neuer Konfiguration. Zweitens sind die Exporte nach und die Importe aus China völlig ungleichgewichtig. Lateinamerika droht auf diese Weise eine neue Deindustrialisierung.

Als vollends brüchig erweist sich das Projekt einer antiimperialistischen Allianz von Ölförderländern, „bolivarischer Revolution" und China, wenn das letzte Glied des globalen Verkettungszusammenhangs in die Analyse einbezogen wird. Wie der neue Ölreichtum von der transnationalen Exportindustrialisierung Chinas abhängt, so hängt diese vom Konsum der USA ab. Hier schließt sich der Kreis. Es ist allein der völlig einseitige Exportstrom über den Pazifik, der den vermeintlichen Aufschwung trägt. Die Überschwemmung der lateinamerikanischen Märkte ist nur ein Nebeneffekt der Überschwemmung des US-Marktes mit Waren aus China. Der US-Konsum wiederum beruht wesentlich auf dem Zustrom von transnationalem Geldkapital, also auf Verschuldung. Die USA sind längst das Land mit der größten Außenverschuldung der Welt und ökonomisch bereits ins zweite Glied gedrängt worden. Die Bonität dieser Verschuldung wird aber gerade durch die Position der USA als letzter Weltmacht garantiert, vor allem aufgrund der konkurrenzlosen Militärmaschine.

Die mit Petro-Dollars subventionierte Sozial- und Außenpolitik der Ölförderländer ist also in letzter Instanz ausgerechnet auf die Konjunktur, die Bonität und die Militärmacht des imperialen Gegners selbst angewiesen. Welch ein Widerspruch! Schon Chávez musste und seine Nachfolger müssen eigentlich beten, dass die böse Macht der USA erhalten bleibt, weil sonst das Kartenhaus der diffusen politischen Träume zusammenkracht. Es ist wahrscheinlich das zutiefst irrationale Moment dieser Konstellation,

das die ideologische Verfinsterung des vermeintlichen neuen Antiimperialismus bewirkt; bis hin zu antisemitischen Affekten. Das
beweist einmal mehr, dass der Kampf für die soziale Emanzipation nur durch eine transnationale Bewegung von unten ohne nationale machtpolitische Rückversicherung zu führen ist. Das anti-
imperialistische Charisma auf nationalistischer Basis in den unsi-
cheren ökonomischen Nischen der Globalisierung kann keine
Nachhaltigkeit beanspruchen, wie aktuell (2017) u.a. in Venezuela
lehrbuchhaft zu sehen ist.

Auch Griechenland wird wieder medial beachtet; wegen der
Flüchtlinge und weil es Schulden hat. Es sitzt in der Schuldenfalle.
Die Medien spekulieren, weil vom Internationalen Währungs-
fonds als Versuchsballon geäußert, dass ein Schuldenschnitt, also
ein wenigstens teilweiser Schuldenerlass nun angebracht wäre
und *dem Land* helfen würde. Das ist jedoch im höchsten Grade
fraglich, ja nahezu unmöglich. Der Grund: *Das Land* wurde in den
letzten 20 bis 30 Jahren vom Weltmarkt hinweggefegt, weil es mit
seiner Wirtschaftsleistung an der Weltkonkurrenz gescheitert ist.
Der langjährige Versuch, das mit ausländischen Krediten zu ändern, konnte nur scheitern, da diese Gelder überwiegend kon-
sumtiv verbraucht wurden statt produktiv; denn auch Panzer
schaffen keinen Mehrwert und sind nichts als Konsum. Ein Schuldenschnitt, also ein teilweiser Schuldenerlass oder sogar ein kompletter Schuldenerlass nützten nur marginal. Denn womit sollte
aus dieser heute schwachen Griechischen Wirtschaft wieder eine
am Weltmarkt konkurrenzfähige werden (und nur das zählt)?
Griechenland müsste auch dann wieder neue riesige ausländische
Kredite aufnehmen. Aber worin investieren, das Milliarden und
aber Milliarden Gewinne erbringt, um diese Kredite zu bedienen?
Flugzeuge, Heringe, Süßigkeiten, Maschinen, Waffen – alles am
Weltmarkt in konkurrenzfähiger Ausfertigung überreichlich vorhanden. Und schlimmer: Seit etwa Ende der 70er Jahre dümpelt

der Weltmarkt selbst, setzt das Weltkapital durch seine erreichte Rationalität (Mikroelektronik) absolut mehr Arbeitskräfte frei, als es durch Markterweiterung und neue Produkte aufsaugt; ganz unabhängig von Konjunkturen. Der zerfallende Kapitalismus offenbart uns lediglich noch seine Zerfallserscheinungen; ob Kriege, Flüchtlinge oder eben den Ruin des schönen Griechenlands. Es bleibt nur Leid für die griechischen Menschen, denn innerhalb des kapitalistischen Systems befinden sie sich mit ihrem Land auf dem Weg, ein Weltsozialfall zu werden, wie ihn derzeit bereits viele Länder gehen und zum Beispiel Somalia, Äthiopien und Tschad schon erreicht haben. Griechenland zeigt exemplarisch, dass die Menschen auf Jahre hinaus aufhören müssten zu leben, um weiterhin kapitalistischen Kriterien zu genügen.

Und wenn Du es nicht *glaubst*, könntest Du es sogar *wissen*, denn die tagtäglichen weltweiten Anschauungsbeispiele dieses Zerfalls sind ebenso deutlich und überwältigend, wie die empirischen Zahlen dieser „Entwicklung". Hilfe? Ja, *den Kapitalismus abschaffen*.

Abgesang

Lass uns in diesem finsteren Wald, den wir hier betraten, am Ende gemeinsam ein Liedchen trällern, um unsere Angst zumindest ein wenig zu vertreiben:

Auf ei-nem Teiche, Teiche, Teiche

Schwamm ein-ne Leiche, Leiche, Leiche

So-ne gaan-ze weiche, weiche, weiche

A-ber kreuz-fidel

    Sie war fidel, sie war fidel

    Auf einem Auge war sie scheel

    A-ber kreuz-fidel, fidel, fidel

    A-ber kreuz-fidel   ©

Der Autor George Kaufmann

George Kaufmann wurde 1941 in Berlin geboren. Heute lebt er in einer kleinen Gemeinde des Berliner Umlands.

Er lernte Werkzeugmacher und studierte an verschiedenen Hochschulen.

Studium Dresden:	Technologie Flugzeugbau
	Technologie Maschinenbau (Dipl.-Ing.)
Studium Berlin:	Philosophie, Politische Ökonomie
	Außenhandel (Dipl.-Ök.)
Fachliche Tätigkeiten:	Jeweils langjährig im Schienenfahrzeugbau, Außenhandel (Elektronik/Mikroelektronik) und als Geschäftsführer einer PR-Agentur/Journalist tätig.

Seit mehr als drei Jahrzehnten untersucht George Kaufmann zunächst nebenberuflich und inzwischen ungehindert das Wesen des Kapitalismus, also seinen Formzusammenhang und seine Geschichte. Die Ergebnisse sind ebenso erschreckend wie erhellend. Indem der Kapitalismus nunmehr an seinem Ende angelangt ist, schafft er sich unter zunehmender explosiver Gewalt selbst ab ohne eine neue Gesellschaftlichkeit zu kreieren. Die damit einhergehende Verlotterung, Verrohung, Verflachung und Verdummung in der Sprache zeigt sich nur als eine komplementäre Seite dieses System-Zerfalls.

George Kaufmann veröffentlichte beim Verlag Tredition die Bücher

„Kapitalismus – verstehen – abschaffen" (2015);

„War Marx ein Zwilling?" (2015);

„Eine Welt voller Flüchtlinge" (2016).

Zeitfracht Medien GmbH
Ferdinand-Jühlke-Straße 7
99095 Erfurt, Deutschland
produktsicherheit@kolibri360.de